対人的かかわりからみた心の健康

森脇愛子・坂本真士 編著

Moriwaki Aiko・Sakamoto Shinji

PSYCHOLOGICAL WELL-BEING
MENTAL HEALTH
INTERPERSONAL RELATIONSHIP

北樹出版

はじめに

　日々の生活において、人は、他者とかかわりをもちながら、過ごしています。たとえば、自分が困っているような時に、友人が手を差し伸べて助けてくれてホッとしたり、悩みごとを家族や友人に打ち明けて気分が明るくなった、といった経験をしたことはないでしょうか。また、一方で、他者とやり取りするなかで、互いに思っていることが伝わらずに、誤解したり仲たがいをしてしまったり、それを思い悩み、落ち込んでしまったり、といった経験をすることも少なくないでしょう。最近では、ソーシャルネットワーキングサービス（Social Network Service；SNS）などのインターネットを介したコミュニケーションも活発になってきています。非常に便利で、24時間メールを送受信できる反面、トラブルにつながることもあります。たとえば、怒りなどの感情にまかせて夜中に（読み返すことなく）メッセージを送り、その結果対人関係が悪化して後悔したり、メッセージを送ったはずなのに返事がなかなかこないのでくり返し送り、相手が束縛感や不快感をおぼえ、相手が離れていってしまった、というような経験をしたことがある人も、いるかもしれません。こうしたことを含めて、対自己、対人、対社会といった対人関係の諸特徴を扱う領域を社会心理学といいますが、このような視点を盛り込みつつ、心の健康について理解を深めることをここでのねらいとしています。

　このような社会心理学と臨床心理学とのインターフェイス領域を取り扱っている学問領域には、「臨床社会心理学」があります。「人間の適応の理解、適応における問題、および適応を高めるための介入に、社会心理学の原理や知見の応用を図る一領域」と定義することができ（坂本，2001；坂本・佐藤，2004）、その方向性は、一方向的なものではなく、双方向に影響を及ぼしあうものとされています。

　ここでは臨床社会心理学の領域における代表的な研究や理論を紹介し、説明した上で、近年問題となっている諸問題についてもスポットライトを当て、心

の健康について理解を深めることを目指します。2014年度は、米国精神医学会によるDSM-5の日本語版が公刊されたこともあり、改訂版で更新された内容、新しい情報も盛り込むことに致しました。

　本書は、第Ⅰ部から第Ⅲ部までのⅢ部構成となっています。第Ⅰ部では、対自己と心の健康、第Ⅱ部では対他者関係（個人間関係）と心の健康について、取り上げます。第Ⅲ部　社会における心の健康、では、学生生活における心の健康や職場、地域での心の健康など、各生活領域やライフステージにおき、起こりえる問題について取り上げ、みずからの将来の心の健康にも結びつけながら学んでいくことができるような構成になっています。

　全体を通して、大学生・大学院生のみなさんにとって身近な例をあげることで、自分の心の健康とリンクさせ、理論から応用・実践へと結びつけて考える力を養うことにつながればと考えています。各章ごとにディスカッション・ポイントとなる問いかけが用意されていますが、このようなディスカッション・ポイントをもとに、基礎的な知識を学習し記憶する、ということにとどまらず、そこからさらに、調べたり考えたり、意見を交換しあったりすることで、いきた知識となる、その一助となれば、大変うれしく思います。

　最後になりますが、本書の趣旨に基づいて、ご多忙のなか、執筆を引き受けてくださった執筆者の方々には、心から感謝を申し上げたいと思います。ありがとうございました。編著者の坂本真士先生には、企画から全行程にわたり貴重なご助言をくださり、大変お世話になりました。心より御礼申し上げます。さらに、本書の執筆の機会を与えてくださった北樹出版の福田千晶さんには、つねに丁寧なコメント・ご助言をいただき、企画の段階から全工程にわたり、さまざまな面でご尽力くださったこと、心から感謝しております。本当にありがとうございました。

　本書を手にとってくださったみなさんの今後の心の健康に、少しでも役立てていただけたら幸いです。

　　　　　2015年1月

編著者　森脇　愛子

目　　次

は じ め に

◆◆ 第Ⅰ部　対自己と心の健康 ◆◆

第1章　心の健康と社会心理学 …………………………………… 3
　第1節　心の健康を社会心理学からみてみる ………………… 3
　第2節　社会心理学とは ……………………………………… 5
　　　（1）個人内過程（5）（2）対人関係（7）（3）集団・組織（7）
　　　（4）集合現象（8）（5）文化（9）
　第3節　認知行動療法と社会心理学 ………………………… 10
　　　（1）なぜ不適応になるのか：さまざまな考え方（10）（2）認知行動療法の基本モデル（10）（3）認知行動療法と社会心理学の関連性（12）
　第4節　ま　と　め …………………………………………… 13
　★コラム1：操作的診断基準とは（15）

第2章　原因帰属と抑うつ ……………………………………… 17
　第1節　原因帰属とは ………………………………………… 17
　　　（1）原因帰属過程（17）（2）主な原因帰属理論（18）
　第2節　帰属のバイアス ……………………………………… 20
　第3節　抑うつと原因帰属 …………………………………… 22
　　　（1）学習性無力感理論（23）（2）改訂学習性無力感理論（24）
　　　（3）その後の展開（27）（4）帰属療法（27）
　★コラム2：抑うつとうつ病（30）

第3章　自己意識・自己注目と心の健康：摂食障害 …………… 32
　第1節　摂食障害と食行動異常 ……………………………… 32
　　　（1）摂食障害とは（32）（2）食行動異常とは（34）

v

第2節　心理的な問題と対人的かかわり ………………………………… 36
　　　　（1）対人関係がもたらす心理的側面：自己注目（36）（2）自己意識の測定（37）
　　第3節　摂食障害と対人的かかわり …………………………………… 39
　　　　（1）摂食障害と社会文化的影響（39）（2）摂食障害と自己注目の特徴（40）（3）摂食障害予防に向けて（42）
　★コラム3：抑うつと自己注目（46）

第4章　対 人 不 安 ………………………………………………………… 48
　　第1節　対人不安とは ………………………………………………… 48
　　　　（1）不安とは（48）（2）不安の機能（49）（3）対人不安の症状（50）
　　第2節　対人不安の高まりのしくみ …………………………………… 56
　　　　（1）認知の影響（56）（2）対人不安の自己呈示理論（57）（3）対人不安の認知行動理論（59）
　　第3節　終 わ り に …………………………………………………… 60
　★コラム4：認知行動療法とは（62）

第5章　怒　　　り ………………………………………………………… 64
　　第1節　怒 り と は …………………………………………………… 64
　　　　（1）怒りを表出する対象（66）（2）怒りの表出にみられる文化の違い（66）（3）怒りの表出にみられる男女差（68）
　　第2節　怒りの鎮静化に向けて ………………………………………… 68
　　　　（1）怒りの鎮静化のプロセス（68）（2）怒りの制御（コントロール）に向けて（69）（3）怒り制御（コントロール）における2つの目標（70）
　　第3節　怒り感情経験のポジティブな側面（適応的側面）とは ………… 73
　★コラム5：相互独立的自己観と相互協調的自己観（76）

第Ⅱ部　対他者関係（個人間関係）と心の健康

第6章　ソーシャルサポートと心の健康 …………………………………80

第1節　ソーシャルサポートとは ……………………………………… 80
（1）ソーシャルサポート研究のはじまり（81）（2）ソーシャルサポートの定義（81）（3）サポート測定区分について（82）（4）知覚されたサポートと実行されたサポート（83）

第2節　ソーシャルサポートの効果に関するモデル …………………… 84
（1）ストレス緩衝効果、直接効果（85）（2）マッチングモデル（86）（3）文脈モデル（87）

第3節　サポートの否定的側面 ………………………………………… 87
（1）自尊心への脅威（88）（2）サポートの互恵バランス（89）（3）その他の要因（90）

第4節　ま　と　め ……………………………………………………… 91

第7章　ソーシャルスキルと心の健康 …………………………………94

第1節　ソーシャルスキル ……………………………………………… 94
（1）ソーシャルスキルとは（94）（2）ソーシャルスキルの不足がもたらすもの（95）（3）ソーシャルスキルのアセスメント（97）

第2節　ソーシャルスキルのトレーニング法 ………………………… 99
（1）トレーニングの基本的な流れ（99）（2）ソーシャルスキルが生起するまでの各過程のトレーニング（100）（3）ソーシャルスキルトレーニングの形態（102）

★コラム6：統合失調症とSST（105）

第8章　自己開示と心の健康 ……………………………………………107

第1節　自己開示とは …………………………………………………107
（1）自己開示という概念（107）（2）自己開示内容の分類（108）（3）自己開示の測定（108）

第2節　対人関係の発展における自己開示の役割 …………………109
（1）社会的浸透理論（109）（2）自己開示の返報性（109）

第3節　自己開示のポジティブな側面とネガティブな側面 …………111
　　　　（1）感情体験の他者との共有（111）（2）否定的感情を語ることへの抑止力（112）（3）自己開示の心理的抑制要因（113）

第4節　自己開示と心身の健康との関連 ………………………………114
　　　　（1）自己開示と心理的健康（114）（2）自己開示の逆Ｕ字モデル（114）（3）トラウマティックな出来事の開示と心身の健康（115）

第9章　ストレスと対処 …………………………………………118

第1節　現代社会とストレス ……………………………………………118
　　　　（1）現代人のストレス（118）（2）現代社会のさまざまなストレス（120）

第2節　ストレスと健康 …………………………………………………120
　　　　（1）ストレスとは（120）（2）ストレスを測る（122）（3）ストレスへの対処（コーピング）（123）（4）対処プロセスの種類（124）（5）ストレスマネジメント（125）

第3節　対人ストレッサーとは …………………………………………126
　　　　（1）日常苛立ち事としての対人ストレッサー（126）（2）対人ストレスコーピング（127）

第10章　インターネット・携帯電話を介したコミュニケーション …………130

第1節　現代社会とインターネット ……………………………………130

第2節　インターネットの利用と心の健康 ……………………………132
　　　　（1）クラウトらの研究（132）（2）日本での研究（134）

第3節　インターネットへの依存 ………………………………………135
　　　　（1）インターネット依存につながる心理的要因（136）（2）インターネットへの依存と対策：今後の展望（137）

第4節　ネットいじめ ……………………………………………………138
　　　　（1）ネットいじめとは（138）（2）ネットいじめと対策：今後の展望（139）

第Ⅲ部　社会における心の健康

第11章　大学における心の健康：学生がかかりがちな精神疾患と対処法 …… 144

第1節　大学生を取り巻く問題 …………………………………………144
（1）青年期のメンタルヘルス（144）（2）大学生のストレッサー（146）

第2節　援助要請行動と予防 ……………………………………………148
（1）援助要請行動（148）（2）予防の概念（150）

第3節　キャンパスにおける予防 ………………………………………151
（1）学生相談機関による取り組み（152）（2）授業における啓発活動（152）（3）心理学の授業における一次予防（153）（4）HPやチラシなどによる啓発活動（153）（5）教員による働きかけ（153）（6）ピアサポート活動（154）

第12章　職場における心の健康 ………………………………………………156

第1節　職場におけるストレスの現状 …………………………………156

第2節　職場の対人葛藤 …………………………………………………157

第3節　人間関係と困難に対処する力 …………………………………158
（1）援助を求める力（158）（2）困難な状況に対処する力：首尾一貫感覚（159）

第4節　ストレッサーの低減 ……………………………………………160
（1）ソーシャルサポートの強化とコーピング力の向上（160）（2）ストレス反応の低減（161）（3）管理監督者教育による職場ストレッサーとストレス反応の低減（161）

第5節　職場におけるメンタルヘルスとEAP …………………………162
（1）EAPとは（162）（2）EAPの機能（163）

第6節　対人援助職のバーンアウト ……………………………………165
（1）バーンアウトとは（165）（2）バーンアウト対策として（166）

第13章　地域や社会における心の健康：自殺問題の解決に向けて ……… 168

第1節　地域における心の健康：自殺の現状から ……………………168

　　　　（1）日本と世界の自殺率（168）（2）原因・動機別にみた自殺
　　の現状（171）
　第2節　社会的認知と自殺 ……………………………………………… 173
　第3節　自殺対策と心理学 ……………………………………………… 174
　　　　（1）いのちの電話（174）（2）心理学的剖検（174）
　第4節　地域における自殺対策 ………………………………………… 175
　第5節　マスメディアの影響 …………………………………………… 176
　　　　（1）ウェルテル効果と日本での事例（176）（2）報道の問題点
　　（177）
索　　引（182）

第Ⅰ部 対自己と心の健康

Chapter 1 心の健康と社会心理学

　Aさんは昨日、友だちと口論してしまいました。口論した直後は、「相手が悪い」と思っていましたが、時間が経つと「私が自分勝手だったのではないか」と思い悲しい気分になりました。さらにそんな自分について考えていると「自分の性格が悪いのだ」と思いどんどんつらくなっていったので、別の友だちに話を聞いてもらいました。そうしたら、必ずしも自分だけが悪くなかったことがわかり、気分が落ち着きました。ふとAさんは、高校の課外活動で地域のお年寄りを訪問して話を聞いてあげたら、大変感謝されたことを思い出しました。

　上記は心の健康と社会心理学との関係を示す一つのエピソードです（原因帰属、自己注目、ソーシャルサポート、気分一致効果などの社会心理学の概念がこのエピソードのなかに隠れています）。心の健康について社会心理学の視点から整理し、考えてみようというのが本書の目的ですが、第1章では社会心理学とは何かを説明します。その上で、心の健康を理解する上で重要となる認知行動療法について簡単に説明して、社会心理学との関係について論じます。

1. ≫　心の健康を社会心理学からみてみる

　心の健康を扱う代表的な心理学領域は**臨床心理学**でしょう。臨床心理学とは、「主として心理・行動面の障害の治療・援助、およびこれらの障害の予防、さらに人々の心理・行動面のより健全な向上を図ることをめざす心理学の一専門分野」のことです（高山，1999）。臨床心理学は多くの専門分野に細分化されていますが、大別すると「心理アセスメント」「異常心理学」「心理学的介入」になります。心理アセスメントは、面接や心理テストなどを用いて、クライエ

ントの心理的問題を評価し明確化する活動です。異常心理学では、クライエントの心理的問題や不適応がなぜ生じたのか、発生のメカニズムや原因を考えます。心理学的介入は、心理療法やカウンセリングと呼ぶ場合もありますが、クライエントに働きかけて治療や介入をしたり、心理的に援助していくことによって、不適応からの回復を図ったりする活動です（坂本・安藤・丹野，2007）。この他、地域援助・危機介入・予防的活動・健康教育などなどさまざまの活動があります。

　一方、**社会心理学**でも、心の健康に関することを扱っています。たとえば、先にあげたエピソードでは、口論の原因を自分のせいだと考えたことで悲しい気分を経験しています。これを社会心理学から見ると、「ネガティブな出来事の原因を自己に帰属したために抑うつ気分を経験した」と言い換えられます。また、悲しい気分の時に自分について考えることでさらにつらい気持ちが強くなっていったのは「抑うつ気分の際に自己注目し続けたことで、ネガティブな自己の側面が継続的に意識されたため」と、社会心理学の概念を用いて説明することができます。

　社会心理学からのアプローチの仕方と、臨床心理学からのアプローチの仕方を比べると、いくつか違いがありますが、もっとも大きなものは現象の理解の仕方です。臨床心理学では異常や不適応を健常とは異なるものとして理解しようとします。また理解する際に、セラピストの主観を通して、個々のケースを理解しようとします。これに対し社会心理学では、異常・不適応と健常とを連続したものとして理解しようとします。たとえば、ある状況では適応的な認知や行動のパターンであっても、別の状況では不適応になることがある、と考えます。具体的に言うと、失敗の原因を自分のせいにすることは、自分を改善させ、将来的によい結果に結びつくこともありますが、いつもこのようなよい結果に結びつくわけではなく、時には気分を落ち込ませ自己評価を下げてしまうこともあります。また、社会心理学では、異常や不適応に対して健常（すなわち社会心理学の枠組み）から理解を試みますので、人間の対人行動に関する全体的な傾向から、個々のケース（異常や不適応）を理解しようとします。

このように、臨床心理学と社会心理学のアプローチの仕方は異なっています。しかし、これは言い換えると、臨床心理学には社会心理学的なアプローチの仕方が、社会心理学には臨床心理学的なアプローチの仕方が欠けているということになります。時代を経て、互いの学問領域の考え方や方法論を自分の領域に取り込んでいく動きがあり、この2つの心理学領域にまたがる学問領域（**臨床社会心理学**）も出現してきました。また、本章の3で述べるように、臨床心理学の一領域である**認知行動療法**においては、社会心理学の考え方と共通する点が多くなっています。そのため、認知行動療法による介入を理解する際に、社会心理学的な理解が役に立ちます。

2. 社会心理学とは

　社会心理学にはさまざまな定義がありますが、ここでは安藤（1995）を参考にして「人間が日常生活の中で互いに影響を与えあって生きている、その人と人との**相互作用のあり方を研究する学問領域**」と定義します。社会心理学は、表1-1のように**個人内過程、対人関係、集団・組織、集合現象、文化**の5つの領域に分けられます。それぞれについてみてみましょう。

（1）個人内過程

　人と人との相互作用のあり方を社会心理学では研究していますが、その際に他者から影響を受ける「個人」に焦点を当てて考えることができます。私たちは自己や他者・状況についての情報を統合的に理解し、その内容に沿って行動します。この時、どのような情報に注目するか、どのように統合的に理解して記憶するかといった認知の仕方には、個人差・状況差があります。たとえば、人の認知はその時の気分の影響を受け、その気分のもつ感情価（ポジティブかネガティブか）に一致する記憶、判断や行動が促進されます（悲しい気分の時に悲しい気分に一致する記憶が思い出されやすい、というような現象です）。これを「**気分一致効果**」といいます。また、その場の状況や他者の行動をどのように解釈するか

表1-1　社会心理学の研究テーマ分類例

(1)個人内過程
 1．自己（例：自己概念、自己注目）
 2．感情・動機
 3．社会的認知（例：原因帰属、対人認知）
 4．態度・信念
(2)対人関係
 1．対人的相互作用（例：協同と競争、ソーシャルスキル）
 2．身近な人間関係
 3．ソーシャルサポート
 4．対人葛藤・対人ストレス
 5．被服行動・化粧行動
(3)集団・組織
 1．集団（例：社会的ジレンマ、集団意志決定）
 2．社会的勢力・統制
 3．集団間関係
 4．組織
 5．産業
(4)集合現象
 1．集合行動（例：流言、流行）
 2．マスコミュニケーション
 3．消費・生活意識
 4．政治行動
(5)文化
 1．社会化
 2．文化（例：比較文化、異文化適応）
 3．社会問題・社会病理
 4．環境

　によって、解釈した人のその後の感情や行動が変わってきます。たとえばある人が怒っている場面を観察した時、その行動を「その人が怒りっぽい性格だから」と考えた場合と、「叱られた人がよほどひどいことをしたから」と考えた場合とで、叱った人に対する感情や印象は異なるでしょう。これは「**原因帰属**」というテーマで研究されています。個人内過程は、社会心理学においてもっともさかんに研究が行われている分野であり、表1-1のようなさまざまな研究テーマがあります。

　個人内過程は、「心の健康」について考える際にも重要な視点を提供します。先ほどの気分一致効果は、悲しい気分が持続する原因の一つとして考えることができます。また、本章冒頭のエピソードのように、自己や他者に対する原因帰属の仕方によって抑うつや怒りなどの感情を経験しやすくなります。自分を自分がどう意識するか（自己注目）も抑うつや不安、摂食障害などと関連します。

(2) 対人関係

　人と人との相互作用のあり方を研究する際に、個人内過程から離れ、ある社会的な文脈での対人相互作用や人間関係を研究するという方法があります。たとえば、アルバイト先で初対面の人から自己紹介として、名前、出身地、その人の星座や血液型の情報を知らされた場合、あなたはどうしますか。おそらく、自分についても、名前、出身地、星座と血液型を伝えるのではないでしょうか。これは「自己開示」と呼ばれる現象で、人と人とが親密になっていく際に必要な過程と考えられています。社会心理学では、対人関係として、協同や競争、身近な人間関係（例：友人・恋人関係）の成立・発展、被服行動・化粧行動などについても研究しています。

　対人関係は心の健康と直接関係します。対人関係が直接ストレスを感じさせる源（ストレッサー）になったり、逆に人と接することで落ち込みや不安から立ち直ったりします。後者はとくにソーシャルサポートというテーマで研究が行われています。本章冒頭のエピソードでは、友だちに話を聞いてもらうことで気分が楽になりましたが、これは友だちからのソーシャルサポートによって落ち込みから立ち直った例といえます。また、たとえば人に重要な相談にのってもらう際にはTPO（T＝time, P＝place, O＝opportunity）に気をつけるなど、対人関係を良好な状態に保つためには人づきあい上のコツがあります。これはソーシャルスキルというテーマで研究されていますが、ソーシャルスキルを身につけることで、心の健康をよい状態にすることができます。

(3) 集団・組織

　人と人との相互作用は、必ずしも一対一の人間関係だけに限られません。人の行動は、複数の人間が集まった集団から影響を受けますし、集団に影響を与えることもあります。たとえば、集団で仕事をすると、一人で仕事をする時よりも仕事がはかどったり、逆に手を抜いたりすることがあります。前者は社会的促進、後者は社会的手抜きと呼ばれる現象です。また、周囲の人の意見が割れている場合は自分の意見を表明することは比較的たやすいのに、周囲の意見

が一致している場合にはそれと異なる自分の意見は表明しづらく、周囲の意見に賛同しやすくなります。これは集団のもつ斉一性への圧力のために、同調が起きた結果です。このように、集団との関係における人の行動に注目して、相互作用のあり方を研究することもできます。

「集団」からも心の健康について考えることができます。大学や会社に新入生や新入社員として仲間入りすることは、「○○大学学生」や「○○会社社員」という社会的アイデンティティをもつことに相当します。よって集団に適応するということは、自分が属する集団の社会的アイデンティティを前向きに受け入れることともいえます。自分の所属する集団で共有されている価値観を受け入れがたい場合、適応に苦しむこともあるでしょう。また、社会的促進のように、集団で行動することで個人の遂行量が増すことがあります。心理療法の一形態として「集団療法」がありますが、個人では止めてしまうかもしれない心理的介入でも、集団で取り組むことで続けられる場合がありますし、集団に受け入れられることが一つの成功体験となり、状態が改善することもあります。

(4) 集合現象

人から受ける影響は、特定の人や集団からの直接的なものだけに限りません。たとえば、人は誰が流したかわからない噂（流言）に影響されたり、流行に左右されて商品を買ったりします。そして、そのような行動が他の人の行動に影響を与え、さらに噂や流行を広めることになります。このようにお互いに面識がない集まりのなかでも、人々が互いに刺激を与えあってある方向に全体的な行動が向かうことがありますが、このような「集合現象」も社会心理学で研究されています。具体的には、流言や流行のほかに、マスコミュニケーション、消費行動、政治行動など社会心理学で研究されています。

集合現象は、心の健康に影響を与えています。たとえば**インターネット**や**SNS**（ソーシャル・ネットワーキング・サービス）は、私たちにとって欠かすことのできないコミュニケーション手段といえます。適切に用いていることで私たちの生活が便利になるのでしょうが、これらに過度に依存したり間違って用いた

りすれば、ネット依存やネットいじめなどの問題を引き起こします。また、テレビや新聞などが自殺を報道することがありますが、報道の仕方によっては、それを見たり聞いたりした人が影響を受け、自殺を考えてしまう可能性もあります。マスコミの影響にはポジティブなものもあります。たとえば、うつ病をはじめとする精神疾患の予防や治療についても、テレビや新聞が報じていますし、多くの書籍が出版されています（精神疾患に対する啓発活動と言います）。これらの情報をもとに自分や周囲の心の健康に注意を払うことができます。

（5）文　　化

　人と人との相互作用を考える際に、文化や社会の影響を無視することはできません。人はある社会のなかで、人によって育てられ、人として生活していく以上、文化や社会からの影響は避けられないからです。たとえば、集団（例：クラス、サークル、職場など）の目標と個人の目標が異なる場合、どちらを優先させるでしょうか。東洋文化圏の人々は自分の属する集団の目標を優先させることが多く、西洋文化圏の人々は個人の目標を優先させることが多いと考えられています。これは集団主義と個人主義というテーマで研究されています。このような比較文化に関する研究のほかにも、犯罪・非行、高齢化社会といった社会問題・社会病理や環境についても、社会心理学で研究しています。

　「文化」においても心の健康との関連が指摘できます。犯罪や学校内問題には、その国の社会構造が関係していることから、社会全体からの分析が必要でしょう。また、自殺については、自殺率が高い国と低い国があることが知られていますが、なぜこのような違いが出てくるのでしょうか。政治的な混乱や経済情勢、生活水準なども影響を与えるでしょうが、自殺を容認しやすい文化かそうでないかという文化的・宗教的影響も考えられます。このように、社会や文化を単位として、心の健康について検討することも可能です。

　上記では、社会心理学の研究テーマを大きく5つの研究領域に分けましたが、これらの5つの領域は、「**心理学的社会心理学**」（またはミクロの社会心理学）と呼ばれる、心理学的な視点から個人に焦点を当ててアプローチする立場（上記の

(1)～(3)を主な研究領域とする）と、「**社会学的社会心理学**」（またはマクロの社会心理学）と呼ばれる、社会学的な視点から社会全体にアプローチする立場（上記の(4)と(5)を主な研究領域とする）に分けることができます。本書では、主に心理学的社会心理学から、心の健康について探っていきます。

3. ≫ 認知行動療法と社会心理学

（1）なぜ不適応になるのか：さまざまな考え方

　不適応状態になった時、心理学的介入（心理療法やカウンセリング）を受けることがあります。個人を対象として行う代表的な心理学的介入として、**精神分析療法**（フロイト（Freud, S.））、**分析心理学**（ユング（Jung, C. G.））、**来談者中心療法**（ロジャーズ（Rogers, C. R.））、**認知行動療法、行動療法**があります。それぞれの治療法にはなぜ不適応になるのかに関して独自の仮説をもち、心理学的介入を行っています（詳しくは、下山，2001をご参照下さい）。おおざっぱに言って、精神分析療法や分析心理学では個人の無意識に問題があり、来談者中心療法では本来人間がもっている自己実現の傾向がうまくいっていないことに問題があると考えます。これらの治療法では、心理学で広く受け入れられている実証的な考え方は希薄です。

　これに対し、認知行動療法と行動療法では実証的な考え方を採用しています。行動療法では、不適応行動も適応的な行動と同じく、学習の原理に従って特定の状況で学習された反応であると考えます。そして学習の原理を用いて、不適応行動の消去と適応的な行動の獲得を目指します。認知行動療法では、刺激─認知過程─反応という図式を考え、**認知のゆがみ**によって不適応が生じると考えていますが、次に詳しく述べていきます。

（2）認知行動療法の基本モデル

　認知行動療法では、図1-1のようなモデルをもとに不適応を考えています。図1-1を見ると、「環境（状況・他者）」と「個人」とのあいだで影響を与えあっ

ていることがわかります。また、個人のなかには、「認知」「気分・感情」「身体」「行動」の４側面があり、それらが互いに影響を与えあっていることがわかります。これらの影響の与えあいを相互作用と呼びます。不適応が生じるのは、「環境（状況・他

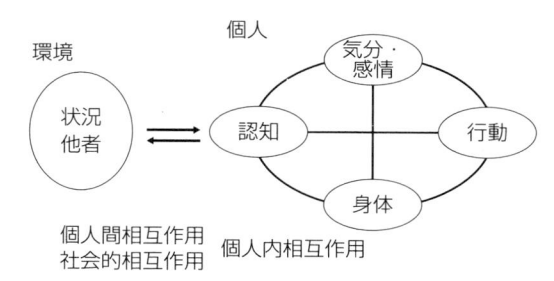

図1-1　認知行動療法における相互作用の取扱
（伊藤，2007を一部改変）

者）」と「個人」との相互作用がうまくいかない場合や、個人内の「認知」「気分・感情」「身体」「行動」のあいだでの相互作用がうまくいかず、悪循環してしまう場合です。

　では人前で話すのが苦手だという人の例をあげて考えてみましょう。このような人は、「少人数授業での発表」のような状況（環境）で緊張や不安という感情が喚起されます（影響の方向：環境→気分・感情）。緊張や不安は、「人前で発表するなんて怖すぎる」と思えばさらに強まるでしょうし（認知→気分・感情）、緊張や不安が強まれば「以前も同じような体験をしてつらかった」と以前の記憶がよみがえってくることもあります（気分・感情→認知）。また、「発表は嫌だな、必ずしくじるんだ」と思っているとそれが行動に表れ、どもったり言い間違えたりして（認知→行動）、他者からの評価が下がる事態になりやすいですし（行動→他者）、他者の反応によってさらに緊張・焦りが強くなるでしょう（他者→気分・感情）。緊張や不安は、動悸、冷や汗や赤面など身体面にも現れます（気分・感情→身体）。そして、このような生理的な変化を「顔が赤くなって自分が緊張していることがまわりの人にわかってしまった」と考えると（身体→認知）、恥ずかしくなってさらに不安が高まります（認知→気分・感情）。

　このような人は、嫌な思いをしたくないので、人前での発表がない授業を選択するというように、発表場面をなるべく避けるかもしれません（個人→環境）。たしかに発表場面を完全に避けられるのであれば、不安や緊張は生じないでし

第３節　認知行動療法と社会心理学

ょうが、「自分の力で発表場面を乗り越えた」という自信（自己効力感）が育ちません。よって、人前でのスピーチや就職試験での面接に遭遇すると、やはり緊張してしまうでしょう（環境→個人）。以上のように個人内および個人間（社会的）相互作用のために、不安や緊張は強くなります。

認知行動療法では、この相互用の悪循環に注目し、クライエント自身が悪循環の存在に気づき、解決できるようにすることを目指します。

（3）認知行動療法と社会心理学の関連性

認知行動療法と社会心理学は2つの点で関連しています。1点目は、ともに「相互作用」を取り上げている点です。認知行動療法については先ほど述べましたが、社会心理学でも人と人との相互作用のあり方を研究します（本章の2.を参照）。社会心理学では相互作用について調べるための一領域として「**社会的認知**」があります。社会的認知は、1970年代以降、認知心理学の発展を受けて社会心理学で成立した領域であり、社会的行動に関わるすべての認知を研究対象としています。認知が行動や感情に及ぼす影響を重視しており、認知・行動・感情の関係について研究しています。たとえば、出来事の原因が何であるかを推測すること（原因帰属）は、その後の行動や感情に影響を与えます（2章参照）。また、悲しい気分の時に悲しい気持ちを味わった出来事を思い出すのは、「気分一致効果」として説明されていますが、これは感情が認知に及ぼす影響です。相互作用が悪循環することによって心の健康が損なわれますが、個人内相互作用に関する研究は社会的認知でさかんに行われています。したがって、社会的認知（社会心理学）と認知行動療法は、心の健康を考える上で共通の考えをもっているといえます。

このことから、認知行動療法と社会心理学との2つ目の関連性がみえてきます。それは、社会心理学は、認知行動療法においてクライエントが自身の問題をどのように扱い対処したらよいかを考える上で、示唆を与えることができるということです。社会心理学の研究対象は多くの場合、普通に生活して適応的な生活をおくっている「健常者」です。これを言い換えれば、社会心理学で調

べ記述しているのは、健常者のもつ順調に機能している相互作用ということになり、これは悪循環する相互作用をもつクライエントにとっての目標となるわけです。

4. まとめ

社会心理学と臨床心理学では扱う対象が異なりますし、扱う方法も異なります。しかし、両者はどちらも人の心理を扱うという点では共通しています。また、認知行動療法に代表されるように、社会心理学の知識が、クライエントや介入技法を理解するために役立ちますし、自分の心の健康を考える上でも役に立ちます。本書ではそのいくつかの例が示されていますので、読者のための図書案内も参考にして勉強して下さい。

(坂本　真士)

読者のための図書案内

坂本真士・丹野義彦・安藤清志（編著）(2007)．臨床社会心理学　東京大学出版会：社会心理学と臨床心理学の境界領域である臨床社会心理学に関する専門書で、個人内過程から集団まで取り扱っています。日本の臨床社会心理学分野を代表する研究者が執筆しており、実際の研究にふれることができます。

上野徳美・岡本祐子・相川充（編著）(2013)．人間関係を支える心理学―心の理解と援助―北大路書房：人間関係の諸問題について主に社会心理学と臨床心理学の観点からアプローチし、人間関係のよりよい理解と構築、さらに改善・向上に役立つことを目指した好著です。内容が充実した入門書です。

ディスカッションポイント

（1）図1-1に示された図をもとに、相互作用が悪循環している例を考えてみましょう。自分の経験から考えると、自分が不調になる時の相互作用が理解できると思います。

（2）（1）をもとに、どうすれば相互作用の悪循環を断ち切れるか、考えてみまし

ょう。
（3）社会心理学と心の健康との関連には、どのようなことがあるでしょうか。いくつか考えてみましょう（本書を読み終わってからでもかまいません）。

【引 用 文 献】

安藤清志（1995）．社会心理学の視点　安藤清志・大坊郁夫・池田謙一（著）　現代心理学入門4　社会心理学　岩波書店　pp. 2-14.

下山晴彦（2001）．臨床心理学とは何か　下山晴彦・丹野義彦（編）　講座　臨床心理学1　臨床心理学とは何か　東京大学出版会　pp. 3-25.

高山巌（1999）．臨床心理学　中島義明（編集代表）　心理学辞典　有斐閣　p. 892.

Column 1

【操作的診断基準とは】　ある人がどのような状態であるかに基づいて診断を下すための基準が「操作的診断基準」です。現在国際的に用いられている精神科の操作的診断基準の例としては、本文で取り上げている DSM のほかにも、WHO（世界保健機関）作成の ICD（International Classification of Disease：国際疾病分類）などがあります。

　このような操作的診断基準が本格的に整備されたのは1980年代からです。それまではそれぞれの医師が自分の判断基準で、精神科の病名をつけていました。このような時代では、一人の患者に対して医師間で異なった診断がつくことが稀ではありませんでした。つまり、ある人が A 医師に診てもらった時には「統合失調症」と診断されたのに、B 医師に診てもらった時には「躁うつ病」と診断されるようなことも起こっていました。アメリカとイギリスの診断基準に関する調査では、両国の精神科医に同一の架空の症例を提示し診断をつけてもらいました。その結果、全体的に見ると、イギリスでは「統合失調症」という診断がつけられやすかったのに対し、アメリカでは「躁うつ病」と診断されることが多かったのです。提示された症例は両国で同じものだったのですが、国によって（さらに言えば医師間でも）つけられた病名は異なっていました。

　この結果を受けて、WHO やアメリカ精神医学会では診断基準の統一を図るようになり、ICD や DSM が作られました。操作的診断基準の特徴は、患者の訴えや他者の観察によって症状の有無や持続期間を調べ、明確に定義された診断基準をもとに診断を下すことができるという点です。一定の訓練を受けていれば評定者によって判断が異なることはなく、実証的な研究に必要とされる客観性が確保されます。また、診断基準を医師間で統一していれば、一人の患者を複数の医師で診る際に情報交換がしやすくなります。さらに、統一された基準を用いて行われた研究が世界的に蓄積すれば、（医師個人の経験や勘に頼るのではなく）研究結果に基づいて投薬や治療の方針を立てることができます（「証拠に基づいた医療」（evidenced-based medicine）といいます）。精神疾患に関する実証的な研究をする際には、操作的診断基準によって病名を確定することは今や欠かせない状況になって

います。

　DSM は何年かごとに見直されています。近いところでは、1987年に DSM-III（第3版）から DSM-III-R への改訂がなされました。その後、1994年に第4版（DSM-IV）が、2000年に第4版テキスト改訂版（DSM-IV-TR）が出版され、最新版は2013年（日本語版は2014年）に出版された第5版（DSM-5）です。このように、世界的に行われている研究の成果を集約し、基準の見直しを図っている点も DSM や ICD の特徴といえます。

　しかし昨今、操作的診断基準に対する問題点も指摘されてきました。それは、操作的診断基準が、病気の状態（症状の数や持続期間など）に基づいており、病気の原因は重視されていないからです。身体疾患では診断を下す際に、病気の原因が特定されることが重要です。胃が痛い場合でも、潰瘍が原因なのか、食中毒を引き起こす細菌が原因なのかによって治療法が異なります。精神疾患でも原因を追究することの重要性は変わりませんが、精神疾患の発症には複数の原因が関連すると考えられるため、特定することは容易ではありません。原因や発症に至るプロセスを考察するためには、医師の長年の勘に頼ることも重要になります。原因を不問にした診断－治療が広まった結果、投与した薬が効かなかったり、診断基準を緩く用いた結果、疾患の概念が広がってしまったりしたなどの問題が起きています。

（坂本　真士）

Chapter 2 原因帰属と抑うつ

　私たちは、「なぜこの出来事が起きたのだろうか」と原因を考えることがよくあります。社会的に大きな出来事について原因を考えることもありますし、他人や自分自身の行動について原因を考えることもあります。原因をどう考えるかは、その後に影響を与えます。対人的なトラブルについて、相手のせいだと考えれば腹が立ちますが、自分のせいだと考えれば落ち込んだり相手に申し訳ないという気持ちになったりします。

　このことに関して、社会心理学では、「原因帰属」というテーマで多くの研究が行われてきました。当初は、一般の人々の原因帰属は正確で合理的だという仮定のもとに原因帰属を研究していましたが、後に人には原因帰属をはじめとする推論に誤りや偏りがあることがわかってきました。また、原因帰属の点から抑うつなどの不適応の発症を検討する理論も提示されました。

1. ≫ 原因帰属とは

（1）原因帰属過程

　私たちはさまざまな出来事に遭遇していますが、その出来事が個人にどのように主観的に経験されるかは、その出来事の解釈の仕方によって異なります。解釈の仕方の中心となるのが「原因帰属」です。原因帰属の流れを図2-1を見ながら考えていきましょう。

　まず「事象の観察」とありますが、事象（出来事）が観察されなければその原因を考えることはありません。事象が観察された後は、それをどう分類するかです（符号化・ラベル付け・範疇化）。2人の人が大声で話しあっている状況を

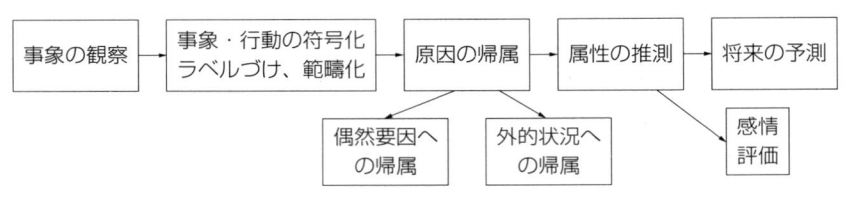

```
事象の観察 → 事象・行動の符号化 → 原因の帰属 → 属性の推測 → 将来の予測
              ラベルづけ、範疇化        ↓    ↓              ↓
                              偶然要因へ  外的状況へ      感情
                              の帰属    の帰属         評価
```

図2-1 帰属の流れ (外山, 1989より引用)

「大声で言いあっている」と考えるか、「にぎやかに会話している」と考えるかは、出来事の解釈に影響するでしょう。その後、出来事の原因を推測します。ここで偶然そのことが起こったと考えたり（偶然要因への帰属）、外的状況に原因があると考えたり（外的状況への帰属）すれば、事象から行為者の属性を推測することができません。たとえば、「2人の人が大声で話しあっていたのは、映画の撮影の1シーンだった」ことがわかれば（すなわち外的状況へ帰属されれば）、その言いあう、という行為からは2人がどういう属性をもつのかわかりません。しかし、偶然や外的状況への帰属が行われない場合は、原因をどう考えるかで行為者の属性が推測されます。たとえば、「大声で言いあっている」と考えて、その行動を攻撃的な性格に帰属すれば、その人に対して怖いというネガティブな感情をもち、なるべく関わりあいになりたくないと思うでしょう。

　このように一般の人々が、身のまわりに起こるさまざまな出来事や、自己や他者の行動に関して、その原因を推論する過程を**原因帰属**といいます。人は、原因推論を通して、自己や他者の内的な特性・属性に関する推論を行います（特性帰属）。原因帰属、特性帰属の一連の過程を合わせて**帰属過程**といい、帰属過程に関する理論を**帰属理論**といいます。なぜ人は原因帰属をするかというと、周囲を理解し、将来を予測したいからだといえます。つまり私たちは、因果関係の推測を行うことによって、環境内にある人や事物の属性に関する知識をもち、そうすることで将来を予測し適応的に行動することが可能となるからです。

（2）主な原因帰属理論

　ここでは代表的な原因帰属理論として、人の属性の帰属過程に関して詳細に

検討したジョーンズとデービス (1965) の**対応推論理論**、実体の特性の帰属に重点をおいたケリー (1967) の**共変モデル**を紹介します。

①対応推論理論

　対人認知における帰属過程を理論化したのが対応推論理論です。この理論では、行為者の属性を推測するのに先立ち行為者の意図を推定しています。つまり、ある行為が行為者の明確な意図のもとに行われたという推論があってはじめて、そのような意図をもった行為者の属性とはどのようなものかについて推論がなされます。ですから、人から強制されて行った行為のように行為者の意図が関与しない場合は、行為から行為者の属性は推論されにくくなります。

　この理論では、ある行為から対象人物がある独特な属性をもっているという推論の確信度を**対応**という概念でとらえています。この理論では以下の2つの場合に、対応が高くなると考えています。(1)選ばれた行為には含まれるがそれ以外の選ばれなかった行為には含まれないような効果（**非共通効果**）が少ない時、(2)その結果が普遍的に望ましいものでない時。(1)について説明を加えましょう。この理論では人間の行為をいくつかの選択肢からの選択の結果であると考え、帰属に際しては選ばれた行為と選ばれなかった行為とに共通していない効果が少ないほど、推論の確信度は高くなります。

②共変モデル

　共変モデルは実体の特性の帰属に重点を置いたものです。このモデルでは行動の原因として実体、人、時／様態を考え、「事象の原因は、その事象が生じた時に存在し、生じなかった時には存在しない」という**共変原理**をもって決められるとしました。その際、**一貫性**、**合意性**、**弁別性**の3種類の情報をもとに帰属を考えます。一貫性とは時や様態の違いにかかわらず反応が一貫しているかの情報であり、合意性とは他の人々の反応と一致しているかについての情報であり、弁別性とは対象となる実体に対して区別して反応が生じているかについての情報です。これらの高低の組みあわせによって原因が推測できると考えました。

　「ある人がスイーツを食べておいしいと言った」という場面を例として考え

てみましょう。この出来事だけでは、その人にとってそのスイーツがおいしかったのはわかりますが、それ以上のことはわかりません（そのスイーツが本当においしかったのかもしれませんし、その人が甘い物は何でも好きな人だったのかもしれません）。もしこの人が、そのスイーツを食べていつもおいしいと言っているが（一貫性　高）、他のスイーツではおいしいとは言わず（弁別性　高）、かつ、他の人もそのスイーツをおいしいと言っている（合意性　高）としたらどうでしょう。おそらく、そのスイーツが本当においしいのだろうと推測できます（実体への原因帰属）。では、その人は、そのスイーツを食べていつもおいしいと言っているが（一貫性　高）、他のスイーツを食べてもおいしいと言い（弁別性　低）、かつ、他の人はそのスイーツを食べてもおいしいと言わない（合意性　低）場合はどうでしょう。おそらく、その人は甘い物なら何でもおいしいというようにその味覚に原因が帰属できるでしょう（人への原因帰属）。

　共変モデルは実体の特性の帰属に重点を置いたもので、人の属性の推論過程に重点を置いた対応推論理論とは異なります。また、対応推論理論は、選択された行動と選択されなかった行動の両方についての十分な情報を必要とするのに対して、共変モデルは、選択された行動をもとにして情報探索をすることを前提としています。いずれの場合でも、同じような事態を何回も観察して情報を得ることが必要となりますが、現実の場面では同じような事態を何回も観察できることはまれで、不完全な情報に基づいて帰属が行われます。しかしながら、原因帰属の研究の初期には、人間を素人の科学者に見立てて合理的な推測を行うというモデルを考えていました。

2. ≫　帰属のバイアス

　原因帰属についてのその後の研究で、人の判断にはいくつかの誤りや偏りがあることがわかってきました。ここでは、これらの「帰属のバイアス」のいくつかについて見ていきます。

①根本的な帰属の錯誤

私たちは、明らかに外的な要因によって引き起こされた行動であっても、その行動の原因を行為者の内的な属性に帰属してしまう傾向があります。この内的な帰属の起こりやすさは、非常に広く見られることから**根本的な帰属の錯誤**と呼ばれています。たとえば、外的な圧力のためにある立場の意見を表明したことが明らかな場合でも、その人の真の態度が意見に反映していると考えやすいということです。

②行為者―観察者間の差異

同じ行動なのに、他者の行動を観察した場合と自分自身がその行動をとった場合とで、原因の帰属の仕方が異なることがあります。この現象は**行為者―観察者間の差異**と呼ばれています。たとえば、自分が怒る時は相手が悪いからだと考えるのに、怒っている人を見ると「怒りっぽい人だ」と思ってしまうという例です。行為者―観察者間の差異が発生する理由として、まず考えられるのは、自己と他者ではもっている情報に質・量とも大きな差があるということです。私たちは自分については膨大な量の情報をもっており、同じような状況であっても異なる行動をとることを知っています。これに比べると、他者に関する情報はかなり限定されています。そのため、他者の行動からその原因を考える場合、自分自身の行動や他の行為者の行動を参照することになり、結果的にその行為者の個性が強調される結果となります。

もう一つは、行為者と観察者とで知覚的に目立つ刺激が異なっており、それが帰属に影響するという理由です。他者の行動を観察する場合その行為自体が目立つので、その他者に原因が帰属されやすくなります。一方、自分が行動する場合、自分自身の行動を観察することはまれであり外的な要因が目立つことになります。そのため、外的要因に原因を帰属しやすくなります。

③錯誤帰属

なんらかの刺激によって生じた生理的喚起やそれに伴う行動の原因を、別の刺激が原因だと誤って帰属することです。たとえば、深い谷に架かる不安定な吊り橋を渡っていてドキドキ感じたとします。本当は吊り橋を渡る恐怖感から

ドキドキしたのに、その場で目の前に異性が現れたら、その異性が顕著な刺激となりドキドキを感じさせた原因であると考えてしまうことです。

これまでは、得られる情報やその処理の仕方などの、認知的な要因によって帰属がゆがむことを示してきました。しかし、私たちの帰属は動機づけによってもゆがんでくることがわかっています。

④利己的な帰属のバイアス

利己的な帰属のバイアスは、自尊心を維持したいという動機づけによって生じる原因帰属のバイアスで、**セルフ・サービング・バイアス**とも呼ばれています。成功した時に自分に能力があったから成功したのだと考え（自己高揚バイアス）、失敗した時に運が悪かったから失敗したのだと考える（自己防衛バイアス）という例が考えられます。

⑤過度の責任帰属

事件や事故の被害者に対して実際以上に責任を当事者に帰属させる傾向のことです（例：何の罪もない被害者にも落ち度があると考える）。このバイアスの背後にも動機づけがあると思われます。つまり、私たちは平和で安全な世界に暮らしていると信じていたいので、「まったく落ち度のない人が事件や事故に遭った」と考えると、いつ自分が当事者になるか不安で脅威になります。そのため、被害者にも原因があったと考える傾向がある、というわけです。

3. ≫ 抑うつと原因帰属

原因帰属には誤りや偏りがあることからもわかるように、原因帰属は必ずしも合理的で正確に行われるわけではありません。さらに原因帰属の研究が進むなかで、原因帰属の仕方が抑うつの発症にも関連することがわかってきました。本節では抑うつの原因帰属理論である、エイブラムソンらの改訂学習性無力感理論について述べます。

（1）学習性無力感理論

　私たちは行動に結果が伴うことを期待して、ある行動をとります。たとえば、自分のいる部屋が暑い場合、室温が下がるという結果を期待してクーラーのスイッチを入れます。しかし、ある状況で行動に結果が伴わない状態（非随伴状態）を何度も経験し、行動によって望む結果が得られないこと（行動と結果の非随伴性）を学習してしまえば、これと別の新しい状況においても学習が般化して行動への動機づけが下がるといいます。これが**学習性無力感**（learned helplessness）です。

　学習性無力感の現象はまず動物実験によって見出されました。イヌを用いたセリグマンとマイヤーの実験（Seligman & Maier, 1967）では、行動と結果が結びつく条件（随伴群）では、ハンモックでつるされたイヌが、突然襲う電気ショックから逃れるために鼻でパネルを押すよう訓練されました。行動と結果が結びつかない条件（非随伴群）のイヌも随伴群のイヌ同様、ハンモックでつるされており、突然電気ショックを受けます。ただし、自力で電気ショックを止めることはできず、随伴群のイヌが電気ショックを止めれば、非随伴群のイヌの電気ショックも止まるようになっています。つまり、受ける電気ショックのパターンは随伴群も非随伴群も同じですが、自分の行動で電気ショックを止めるかどうかが両群で異なっています。この2群のほかに、単にハンモックにつるされただけの無処置群が設けられました。無処置群は電気刺激の有無そのものが、結果に影響したかどうかを調べるためのものです。

　この処置をした24時間後、電気ショックを与えた時に回避行動をとるかどうかが調べられました。今回はすべてのイヌが電気ショックを受けますが、ハンモックでつるされておらず、低い仕切りで区切られた反対側のフロアーにジャンプして逃れれば、電気ショックを受けないようになっています。結果は、随伴群と無処置群のイヌは電気ショックを受けた後、素早く仕切りを飛び越え、回避行動を学習しました。しかし非随伴群のイヌの多くは電気ショックから逃れようとせず、その場にとどまって電気ショックを受け続けました。同じ量、パターンの電気ショックを受けた随伴群のイヌは電気ショックを回避できたことから、逃避行動の失敗は、先行処置で受けた電気ショック自体によるもので

はなく、電気ショックを自分で止められないことを学習したためだと考えられました。

その後、ヒトを対象にした実験が行われ、学習性無力感を支持する結果が報告されました。セリグマンは、学習性無力感は人間の反応性うつ病（ネガティブな出来事に反応して起こる抑うつ状態）の実験室モデルであると考え、抑うつの学習性無力感理論を提起しました。

しかしその後、この理論に合致しない研究結果も報告されました。すなわち、非随伴的な経験をした群の方が、後続の場面において無気力になるどころか、むしろ動機づけが増したのです。そこで、矛盾した結果を整理するために、原因帰属を理論に組み込んだ改訂学習性無力感理論が、エイブラムソンらによって提案されました。

（2）改訂学習性無力感理論

エイブラムソンらの改訂学習性無力感理論（Abramson et al., 1978）について図2-2の①〜⑥に沿って説明します。

①状　　況

前述したように、セリグマンらは、回避できない状況で電気ショックを与え

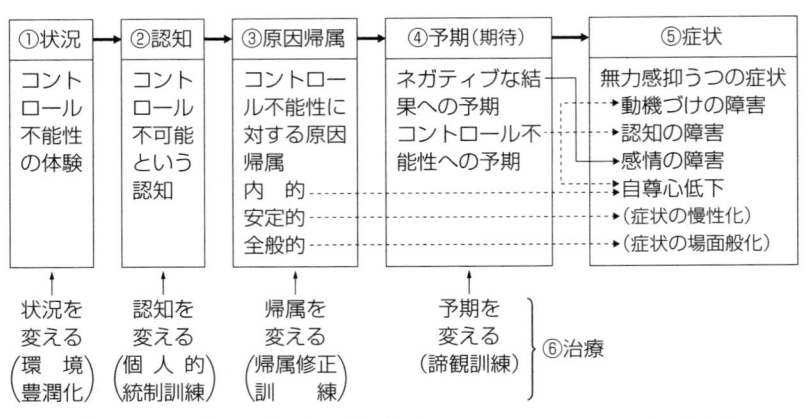

図2-2　改訂学習性無力感理論の因果パスウェイ（Abramson et al., 1978を一部改変）

第2章　原因帰属と抑うつ

られた動物がその後回避学習ができなくなるという事実を発見し、これを非随伴性とかコントロール不能性の考え方から説明しました。こういう状況では「どうせ何をやってもムダだ」と無気力に陥りがちです。これを、セリグマンらは、学習性無力感と呼び、抑うつ症状を説明するモデルになると考えました。

　②認　　知

　オリジナルな学習性無力感理論では、図2-2において①→④→⑤というパスを考えていました。しかし、同じようなコントロール不能な事態を体験しても、抑うつにならないという結果も発表されました。たとえば、「がんばって勉強してもテストで失敗してしまった」場合は行動と結果が随伴していません。しかし非随伴を経験したことで別の状況では「今度こそ」と発憤して勉強し、かえって好成績を収めることもあります。ではなぜ、こうした差が出てくるのでしょうか。この問題を解決するため、エイブラムソンら（1978）は改訂学習性無力感理論を提出しました。この理論では、②（認知）と③（原因帰属）の過程を追加しました。②は、現在あるいは過去のコントロール不能性を認知する過程、すなわち、たとえ客観的にはコントロールできる場面でも、主観的にはコントロールできないと思いこむことです。

　③原因帰属

　この理論では抑うつになるかならないかを決めるのはコントロール不能な事態に対する原因帰属の仕方です。帰属の仕方は、内在性、安定性、全般性という3つの次元から分析されました。

　内在性の次元とは、コントロール不能の原因が、自分にある（内的）のか、自分以外にある（外的）のか、という帰属の違いのことです。そして内的な原因に帰属すると、無力感の症状に「自尊心の低下」を伴うとされています。安定性の次元とは、コントロール不能の原因を、時間的に安定したもの（安定的）に帰属するのか、変動するもの（不安定的）に帰属するかの違いのことです。コントロール不能の原因が安定的と帰属されれば、無力感の症状を慢性化させ長引かせると考えられます。全般性の次元とは、コントロール不能の原因を、空間的に、似たような場面すべてにあてはまる（全般的）と帰属するか、その

第3節　抑うつと原因帰属　　25

場面に限定されたもの(特殊的)と帰属するかの違いのことです。コントロール不能の原因が、全般的と帰属されれば、無力感症状の場面般化性が大きくなると考えられます。

　これら3つの次元を組みあわせると、8つの帰属のパターンが可能です。数学の試験に失敗した場合を考えてみると、「私は頭が悪いから失敗した」のように、内的・安定的・全般的に帰属した場合、無力感はもっとも強くなると考えられます。逆に、「その場が暑かったから」のように、外的・不安定的・特殊的と帰属するほど無力感は弱くなります。

④予　　期

　③で説明したような帰属のあり方によって、無力感予期が形成されます。コントロール不能性が、「将来もコントロール不能だろう」のように将来に投影されると、無力感予期が形成されます。無力感予期とは、ネガティブな結果への予期と、コントロール不能性への予期からなっています。前者は、将来、いやなことが起こるのではないかという予期、または、望ましいことが起こらないのではないかという予期のことです。後者は、ネガティブな出来事を自分の行動によってコントロールできないだろうという予期のことです。

　なお、ネガティブな結果への予期が強いほど、⑤の動機づけ障害・認知障害・自尊心低下が強くなり、コントロール不能性への予期が強いほど、感情障害が強くなると述べています。

⑤症　　状

　抑うつの原因には、心理的なもの以外にも、生理的なもの、遺伝的なものなどさまざまありますが、エイブラムソンらの理論では、そうした抑うつの原因のひとつとして学習性無力感を考え、これによって生じた抑うつを無力感抑うつと呼んでいます。症状は、動機づけの障害、認知の障害、感情の障害、自尊心の低下の4つです。

⑥治療への示唆

　この理論から抑うつの治療も考えられています(Abramson et al., 1978)。抑うつ症状(⑤)は①〜④の4つの要素によって決まります。そこで、抑うつを治

療するためには、各要素ごとに治療方略を考えればよいということになります。すなわち、状況（①）を変えるためには、クライエントが多様な成功や効力感を経験できるように、環境を変えていくことが考えられます（環境豊潤化）。また、認知（②）を変えるためには、クライエントがより多くのコントロールを達成できるように具体的なスキルを教える個人的統制訓練が、帰属（③）を変えるためには、失敗や成功をよりポジティブで現実的な方法で帰属するようにクライエントを訓練する帰属修正訓練があります。さらに、予期（④）を変えるためには諦観訓練があり、無力感のもたらす嫌悪感を減らしたり、達成できない目標への欲望を低めるように訓練したり、無力感を受け容れるように指導したりします。

（3）その後の展開

改訂学習性無力感理論は、多くの実証研究を生み出しました。まず、原因帰属の仕方に個人差があると考えました。この個人差は、抑うつ的帰属スタイルと呼ばれるもので、ネガティブな出来事を内的・安定的・全般的な要因に帰属する傾向のことです。そして抑うつ的帰属スタイルをもつ人が、ネガティブな出来事を経験した時に抑うつになりやすくなるという素因−ストレスモデルとして展開しました。その後、抑うつの発症に関するパスについて若干の見直しがなされ、絶望感理論（Abramson, Alloy, & Metalsky, 1988）として発表されました。

（4）帰属療法

これまで見てきたように、出来事に対する原因帰属の仕方が抑うつの発生に影響しています。それでは、原因帰属の仕方を変えることにより、抑うつから回復することはできないでしょうか。

原因帰属の仕方を変えるためには、まず、出来事の原因としてさまざまなことがらを思いつくことが必要です。たとえば、私たちは、ある人から無視されたり冷たくあしらわれた時、「自分の性格が悪いからこうなったのだ」とか、逆に、「相手が悪いからこうなったのだ」と決めつけることはないでしょうか。

出来事を引き起こした原因を1つ特定してしまうと、それ以外の可能性を考えないのではないでしょうか。

しかし、社会的な出来事では原因が1つに特定されることはほとんどありません。たとえば友だちにあいさつしたが無視されてしまったような場合を考えてみましょう。ある人は、「自分の性格が悪くて、嫌われているから無視されたのだ」と考えますが、それ以外の可能性も検討してみましょう。友だちへのあいさつが聞こえなかったかもしれない、友だちが考え事をしていたり疲れていたりして、気がつかなかったのかもしれない、あいさつの声が小さくて相手に聞き取れなかったかもしれない、などです。

したがって、まず原因帰属を変える前に、出来事の原因として複数の原因があることを理解し、さまざまな可能性を思いつくことが重要となります。

(坂本　真士)

読者のための図書案内

山本眞理子・外山みどり・池上知子・遠藤由美・北村英哉・宮本聡介（編）(2001). 社会的認知ハンドブック　北大路書房：帰属過程に限らず、社会的認知研究の代表的な理論や概念を解説しています。社会的認知研究を理解するために必要な認知心理学の概念や用語についても説明があり非常に便利です。

岡　隆（編）(2004). 社会的認知のパースペクティブ　培風館：社会的認知研究に関して、古典的な内容から最近の話題まで網羅されています。また、文化心理学、進化心理学まで言及されており内容は充実しています。内容はやや専門的なので、大学4年生以上向きといえます。

ディスカッションポイント

（1）原因帰属のバイアスの例をあげてみましょう。
（2）最近比較的強い感情を経験した出来事を取り上げ、その原因をひとつ考えてみましょう。その後で、その原因を内在性、安定性、全般性の3つの次元で評価して、当時の感情の変化（落ち込んだか、回復したか）と、3つの次元での評価とを比較しましょう（原因帰属理論の予測と合致していたでしょうか）。

（3）（2）であげた出来事について、その出来事を引き起こしたその他の原因が考えられないか、検討してみましょう。

【引用文献】

Abramson, L. Y., Seligman, M. E, P., & Teasdale, D. (1978). Learned helplessness in humans: Critique and reformulation. *Journal of Abnormal Psychology*, **87**, 49-74.

Abramson, L. Y., Alloy, L. B., & Metalsky, G. I. (1988). The cognitive diathesis-stress theories of depression. In L. B. Alloy (Ed.), *Cognitive processes in depression*. New York: Guilford Press. pp. 3-30.

Jones, E. E., & Davis, K. E. (1965). From acts to dispisitions: The attribution process in person perception. In L. Berkowitz (Ed.), *Advances in experimental social psychology*, Vol. 2. Academic Press, pp. 219-266.

Kelley, H. H. (1967). Attribution theory in social psychology. In D. Levine. (Ed.), *Nebraska sysmposium on motivation*, Vol. 15. University of Nebraska Press, pp. 192-238.

Seligman, M. E. P., & Maier, S. F. (1967). Failure to escape traumatic shock. *Journal of Experimental Psychology*, **74**, 1-9.

外山みどり（1989）．帰属過程　大坊郁夫・安藤清志・池田謙一（編）社会心理学パースペクティブ1―個人から他者へ　誠信書房　pp. 41-60.

Column 2

【抑うつとうつ病】「抑うつ」は英語の"depression"の訳語です（「うつ」と訳されることもあります）。depression は、重い状態である「うつ病」や、より一般的に見られ軽い状態を意味する「憂うつ」と訳されることがあります。したがって、どのような意味で depression が使われているのか、注意する必要があります。

depression という用語は、心理学的、精神医学的にはおおむね3つの意味で使われることにも注意して下さい。すなわち、気分（mood）としての「抑うつ気分 depressive mood」、抑うつ症状（depressive symptoms）のまとまりとしての「抑うつ症候群 depressive syndrome」、疾病単位としての「うつ病 depressive disorder」の3つです。

抑うつ気分とは滅入った（悲しくなった、憂うつになった、ふさぎ込んだ、落ち込んだ）気分のことです（抑うつの「抑」は「うつを抑える」という意味ではなく、「抑制」（的な状態になる）という意味です）。抑うつ気分には一時的なものからうつ病の診断基準を満たす2週間以上持続するものまであります。抑うつ気分は日常で誰もが経験するものであり、これだけではとくに治療や介入の対象とはなりません。

抑うつ症状は、抑うつ気分とともに生じやすい心身の状態で、抑うつ気分のほかにも、興味や喜びの喪失、易疲労性、自信喪失、自責感、自殺企図あるいは自殺念慮、集中困難、精神運動性制止（動き方や話し方がゆっくりになる状態）または焦燥（イライラして一つのところに座っていられなかったり、動き回っていたりする状態）、食欲・体重の変化（食欲不振や過剰な食欲、体重の著しい増減）、性欲の減退、睡眠の変化（不眠や過眠）、絶望感、心気的憂慮（体の症状のことがひどく気になること）などがあります。これらの抑うつ症状がまとまって出現すると、抑うつ症候群と呼ばれます。

抑うつ症状は、うつ病によって生じますが、ある種の薬の副作用によって出てくることもあれば、身体疾患の影響で出てくることもあります。そのため、複数の抑うつ症状が存在していたからといって、必ずしもその人がうつ病にかかっているとは言えません。また、うつ病以外の精神疾患（例：統合失調症）によっても抑うつ症状が出現することがあるなど、治療上、鑑別しておくべき精神疾患があ

ります。さらに、抑うつ症状が存在していても、その人の生活に支障がなければ、「病気」として治療の対象にするには無理があります。したがって、うつ病以外のさまざまな可能性を排除して、うつ病の診断を下すことになります。以下、DSM-5のうつ病の診断基準を簡単に示します；(a)複数の抑うつ症状が一定期間以上持続すること、(b)症状のため、順調な日常生活をおくることができないこと、(c)症状は、物質の生理学的作用またはほかの医学的疾患によるものではないこと、(d)症状は、統合失調症や統合失調感情障害などによってうまく説明できないこと、(e)躁病エピソード、または軽躁病エピソードが存在したことがないこと。(a)ですが、DSM-5によると、うつ病の診断基準には９つの症状、すなわち１．抑うつ気分、２．興味や喜びの喪失、３．体重・食欲の変化、４．睡眠の変化、５．精神運動性制止または焦燥、６．易疲労性・気力減退、７．罪責感、８．集中困難、９．自殺念慮・自殺企図、が取り上げられています。このうち、「抑うつ気分」と「興味や喜びの喪失」はうつ病の中核をなす症状であり、うつ病の診断を下すためにはいずれか一つが含まれることが要件となっています。上記９つの症状のうち、「抑うつ気分」か「興味や喜びの喪失」のいずれか少なくとも１つを含む５つ以上の症状が、最低同じ２週間のあいだに存在することが条件です。うつ病というと、気分が落ち込んだ状態をイメージすることも多いかもしれませんが、興味や喜びの喪失もうつ病の重要な症状であることに注意して下さい。(e)でエピソードとは、患者が経験している精神疾患の持続期間のことです。躁病や軽躁病のエピソードがあることで、うつ病とは異なる別の診断カテゴリーに該当することを意味しています。

（坂本　真士）

Chapter 3 自己意識・自己注目と心の健康

摂 食 障 害

　近年、思春期・青年期を中心に、摂食障害や食行動異常（摂食障害に移行するリスクが高い食行動の問題）を呈する女性が数多く存在し（摂食障害の男性罹患者は存在するものの、ほとんどが女性です）、また、その潜在者数も多く、治療的な支援に加え予防的な支援も急務となっています。

　摂食障害や食行動異常の発現・維持要因は数多く指摘されています。たとえば、思春期に胸や腰まわりがふくよかになると「まだ子どもでいたい、大人になりたくない」といった成熟拒否から痩身を獲得するために（胸や腰まわりがふくよかになることを避けるために）拒食の状態になることや、痩身を賞賛する文化下で、痩せていることに価値を見出し、自身の価値を高めるために痩身を求め、過度のダイエット行動を継続し、摂食障害の診断基準に合致する食行動の問題を抱えてしまうことなどが指摘されています。しかしながら、ある要因が単独で摂食障害や食行動異常の発現・維持に寄与しているわけではなく、さまざまな要因が複雑に絡み合うことで、摂食障害や食行動異常といった問題を引き起こしています。

　ここでは、"自己注目"をテーマに摂食障害や食行動異常を考えてみましょう。

1. ≫　摂食障害と食行動異常

（1）摂食障害とは

摂食障害は、一般的には過食症・拒食症と呼ばれることが多い食行動の問題

です。摂食障害の行動的特徴や心理的特徴はさまざまですが、ここでは、DSM-5（APA, 2013）に記載される診断基準を紹介します。

摂食障害は、DSM-5では"食行動障害および摂食障害群"というカテゴリーに属しています。このカテゴリーには、食行動の問題にまつわる各種障害がとりまとめられており、(1)異食症、(2)反芻症／反芻性障害、(3)回避・制限性食物摂取症／回避・制限性食物摂取障害、(4)**神経性やせ症／神経性無食欲症**、(5)**神経性過食症／神経性大食症**、(6)過食性障害、(7)他の特定される食行動障害または摂食障害、(8)特定不能の食行動障害または摂食障害、の全8つの下位カテゴリーが含まれます。このうち、(4)神経性やせ症／神経性無食欲症は、一般的には拒食症と呼ばれ、(5)神経性過食症／神経性大食症は、一般的には過食症と呼ばれるものです。表3-1は、(4)神経性やせ症／神経性無食欲症ならびに(5)神経性過食症／神経性大食症の診断基準です。

表3-1　DSM-5

神経性やせ症／神経性無食欲症　Anorexia Nervosa
A．必要量と比べてカロリー摂取を制限し、年齢、性別、成長曲線、身体的健康状態に対する有意に低い体重に至る。有意に低い体重とは、正常の下限を下回る体重で、子どもまたは青年の場合には、期待される最低体重を下回ると定義される。
B．有意に低い体重であるにもかかわらず、体重増加または肥満になることに対する強い恐怖、または体重増加を妨げる持続した行動がある。
C．自分の体重または体型の体験の仕方における障害、自己評価に対する体重や体型の不相応な影響、または現在の低体重の深刻さに対する認識の持続的欠如
神経性過食症／神経性大食症　Bulimia Nervosa
A．反復する過食エピソード。過食エピソードは以下の両方によって特徴づけられる。 （1）他のはっきりと区別される時間帯に（例：任意の2時間の間に）、ほとんどの人が同様の状況で同様の時間内に食べる量よりも明らかに多い食物を食べる。 （2）そのエピソードの間は、食べることを抑制できないという感覚（例：食べるのをやめることができない、または食べる物の種類や量を抑制できないという感覚）。
B．体重の増加を防ぐための反復する不適切な代償行動、例えば、自己誘発性嘔吐；緩下剤、利尿薬、その他の医薬品の乱用；絶食；過剰な運動など。
C．過食と不適切な代償がともに平均して3カ月間にわたって少なくとも週1回は起こっている。
D．自己評価が体型および体重の影響を過度に受けている。
E．その障害は、神経性やせ症のエピソード期間にのみ起こるものではない。

DSM-5で示される通り、神経性やせ症／神経性無食欲症ならびに神経性過食症／神経性大食症は、食行動に関する不適応的な特徴をもつことが共通する特徴です。また、食行動に関する不適応的な特徴以外に、神経性やせ症／神経性無食欲症では"自分の体重または体型の体験の仕方における障害、自己評価に対する体重や体型の不相応な影響"、神経性過食症／神経性大食症では"自己評価が体型および体重の影響を過度に受けている"とあるように、"自己評価の低さ"が共通する特徴といえます。また、"自己評価の低さ"といった特徴とあわせ、自己評価を高くしたいという欲求や他者評価を高く受けたいという欲求をもつことも特徴です。摂食障害をテーマとした治療を行っていても、同様に、自己身体像への否定的感情や自分自身の存在に対する否定的感情、他者評価をより高くしたい欲求を有する摂食障害患者は少なくありません。

（2）食行動異常とは

　食行動異常とは、本書では、摂食障害の臨床症状に類似する食行動や食事に対する信念をもち、摂食障害のハイリスク群が呈するような食行動の問題と定義します。具体的には、極端で不健康なダイエット行動や過度の身体像不満足感や肥満恐怖を背景とした食行動の異常などが例としてあげられます。

　「この行動が出現する場合は食行動異常である」といった明確な定義（たとえば、食行動異常の診断基準）は存在しませんが、食行動異常を測定し、摂食障害発症のリスク群を弁別するような取り組みは数多く行われています。たとえば、食行動異常の程度を測定することを目的に開発された心理検査などは、広く一般を対象に用いることで、摂食障害ハイリスク群を抽出し、予防的支援や場合によっては治療的支援を実施することを目的に使用されます。

　表3-2は、食行動異常傾向測定尺度（山蔦・中井・野村，2009）です。この心理検査は、全19項目６件法（「１．まったくない」〜「６．いつも」）で、「食物摂取コントロール不能感」、「不適応的食物排出行動」、「食物摂取コントロール」の３下位尺度から構成され、下位尺度のそれぞれにはカットオフポイント（摂食障害ハイリスク群を弁別する得点）が設定されています。

表3-2　食行動異常傾向測定尺度（山蔦・中井・野村，2009）

食物摂取コントロール不能感
・必要以上に食べてしまう。
・必要以上に食べてしまうことを自分自身でコントロールすることが難しい。
・対人関係などに不快感を感じると、必要以上に気持ち悪くなるほど食べてしまう。
・必要以上に食べてしまった後、ひどく落ち込む。
・必要以上に食べている時、頭の中が真っ白（何も考えていない）になる。
・カロリーに関わらず、大量のものを短時間（1時間から2時間）で摂取する。
・必要以上に食べてしまった後、放心状態になる。
・自分の食事の摂取量が把握できない。
不適応的食物排出行動
・少量でも何か食べた後には、それを吐き出したり、薬品などを使用して排出しなくてはならないと思う。
・必要以上に食べた後、吐く。
・食べ物で胃の辺りが膨れ上がると、嘔吐や薬品によって体内から出すことがある。
・少量でも（例えば、クッキー2枚程度でも）何かを食べた後、吐く。
・食物を噛んでそのまま吐き出す。
食物摂取コントロール
・「太りそう」と思うものは食事から除いている。
・実際に高カロリーである食物は食事から除いている。
・総カロリー摂取量をいつも気にして1日の食事を採る。
・ダイエットをしている。
・食事を採った後、必要以上に身体を動かさないと気がすまない。
・食べる量を極端に少なくしている。

　回答後、「1．まったくない」「2．たまに」「3．ときどき」を選択した場合には0点に置換し、「4．しばしば」を1点、「5．非常にひんぱんに」を2点、「6．いつも」を3点に置換した上で、各下位尺度の合計得点（合計得点範囲：食物摂取コントロール不能感0点〜24点、不適応的食物排出行動0点〜15点、食物摂取コントロール0点〜18点）がカットオフポイントより高い場合は、下位尺度が示す食行動の問題が発現・維持されている可能性が高いと判断します。具体的には、下位尺度「食物摂取コントロール不能感」（8項目）は16点、下位尺度「不適応的食物排出行動」（5項目）は2点、下位尺度「食物摂取コントロール」（6項目）は7点がそれぞれのカットオフポイントです。

本尺度の得点が高い場合、即座に「食行動異常である」と断言できるわけではありませんが、食行動の問題を抱えている可能性は高いことが予測できます。たとえば、学校精神保健の場で、健康管理の一環としてこうした心理検査を実施することで、早期の予防が期待されます。

　こうしたなか、食行動異常の発現・維持要因についての先行研究を概観すると、**身体像不満足感**の問題が重要な発現・維持要因として指摘されています。たとえば、医学的には理想的な体型であったとしても、「自分は太っている」と認識している状態で、身体像不満足感が喚起し、自身が理想とし、他者から高い評価を得ることができる体型を求める（身体像不満足感を低減させる）方策として、過度のダイエット行動が発現・維持されるというプロセスが想定されています。もちろん、食行動異常が発現・維持するプロセスは多様ですが、身体像不満足感や他者評価は、食行動異常の発現・維持に大きく影響する要因といえます。

2. 心理的な問題と対人的かかわり

（1）対人関係がもたらす心理的側面：自己注目

　摂食障害や食行動異常（以下、まとめて食行動の問題とします）に関係する個人内心理要因として、**自己注目**といった概念をキーワードに検討することで、重要な知見を得ることができます。自己注目は、社会心理学領域を中心に実証的研究が行われてきたものでとくに対人関係を考える際には注目すべき心理的要因といえます。

　自己注目は、**自己意識特性**と**自覚状態**とに大別される概念であり、自己意識特性が高い場合に、自覚状態が誘導されやすいといった関係にあります。そして自己意識特性は大きく公的側面に対する**公的自己意識特性**と私的側面に対する**私的自己意識特性**に分けてとらえられています。公的自己意識特性は、他者から観察可能な自己（容姿や体験、ふるまいなど）に意識を向ける傾向、私的自己意識特性は、他者から観察不可能な自己（感情や思考など）に意識を向ける傾向

です。

　自己注目に関わる先行研究をみると、たとえば、公的自己意識が高い場合、他者から観察可能な自己側面に注目する頻度が高く、他者評価に対する敏感性が高いことが示されています。また、たとえば、人前でスピーチをしている時や鏡を見ている時、ビデオカメラで撮影されている時など、他者（あるいは他者の立場から自身を見つめる場面）から評価されうる場面において自己の公的側面に対して注目が高まることが実験的に明らかにされています。

　公的自己意識特性の高さに伴う自覚状態がもたらす心理的変化は多様ですが、他者評価への敏感性を高めることや自己の理想的基準（たとえば、"過度の痩身になりたい"などといった達成することが難しい理想）の明確化を導くことが指摘されています。したがって、たとえば、自己の公的側面に対する注目が高まる場合、対人関係場面において、「自分の身体は他人からどう評価されているのだろう」や「もっと細く理想的な痩身体を手に入れなければならない」などといった他者評価や自己の理想的基準を明確に認識するなどといった心理的変化が想定できます。

　一方、私的自己意識特性の高さは、自身の内的な感情への自覚状態を誘導しやすく、その感情を発見・強化する可能性を高めます。そして、感情へ注視した結果として感情が発見された結果、その感情に対処する行動が出現することも指摘されています。したがって、たとえば、ネガティブな感情を有しているとするのであれば、私的自己意識特性の高さに伴い自覚状態に誘導されることで、自身のネガティブな感情に注視し発見し、そのネガティブな感情をより強く認識し、そして対処する行動（ネガティブな感情を軽減するような行動）が出現するといった一連のプロセスが想定できます。

（2）自己意識の測定

　自己意識を測定する取り組みは数多くの研究者により実施されており、多くの場合、質問紙法の心理検査を活用することで測定されます。ここでは、フェニングステイン（Fenigstein, A.）らによる自己意識尺度 Self-consciousness Scale

(Fenigstein et al., 1975) の邦訳版（菅原，1984）を紹介します（表3-3）。

本尺度は、7件法（「1．まったくあてはまらない」から「7．非常にあてはまる」）で、下位尺度ごとに素点を合計（合計得点範囲：公的自己意識11点～77点、私的自己意識10点～70点）し、合計得点が高いほど、その自己意識を高く保有すると評価します。そして、下位尺度項目の内容をみると、公的自己意識と私的自己意識特性がそれぞれどのような意味をもつ自己意識であるかを理解することができます。

たとえば、公的自己意識を測る下位尺度は、他者に観察される自分自身がどのように評価されているのかを問う項目から構成され、私的自己意識特性を測

表3-3　自己意識尺度 (菅原，1984)

公的自己意識
1．自分が他人にどう思われているか気になる。
2．世間体など気にならない。
3．人に会う時、どんなふうにふるまえば良いのか気になる。
4．自分の発言を他人がどう受け取ったか気になる。
5．人にみられていると、つい格好をつけてしまう。
6．自分の容姿を気にするほうだ。
7．自分についてのうわさに関心がある。
8．人前で何かするとき、自分のしぐさや姿が気になる。
9．他人からの評価を考えながら行動する。
10．初対面の人に、自分の印象を悪くしないように気づかう。
11．人の目に映る自分の姿に心を配る。

私的自己意識
12．自分がどんな人間か自覚しようと努めている。
13．その時々の気持ちの動きを自分自身でつかんでいたい。
14．自分自身の内面のことには、あまり関心がない。
15．自分が本当は何をしたいのか考えながら行動する。
16．ふと、一歩離れた所から自分をながめてみることがある。
17．自分を反省してみることが多い。
18．他人を見るように自分をながめてみることがある。
19．しばしば、自分の心を理解しようとする。
20．つねに、自分自身を見つめる目を忘れないようにしている。
21．気分が変わると自分自身でそれを敏感に感じ取る方だ。

注　菅原（1984）では、自己意識を自意識と表記しているが、本章の表記に合わせ、自己意識と表記する。

る下位尺度は、自分自身の情動や気分などといった内的側面にアクセスするタイプであるか否かを問う項目から構成されていることがわかります。自己意識を端的に測定する尺度としては適用範囲が広く、簡便に使用できるものといえます。なお、大学生を対象とした調査では、公的自己意識平均が男性で52.8点（標準偏差9.9）、女性で56.4点（標準偏差8.3）、私的自己意識平均が男性で50.3点（標準偏差9.0）、女性で54.0点（標準偏差7.7）とされています。調査対象群により若干の平均得点の相違はありますが、個人の自己意識保有傾向を判断する目安になるでしょう。

なお、自己注目の程度を測定する尺度として没入尺度（坂本，1997）があります。自己意識あるいは自己注目といった観点から人間の心理や行動を理解する際、有用な心理尺度です。

3. 摂食障害と対人的かかわり

（1）摂食障害と社会文化的影響

対人関係や他者評価の観点から摂食障害について言及する際、社会的な痩せ賞賛文化の影響を考えることは欠かせません。現代社会において、例外はありますが、とくに女性を中心として、"痩せている方が良い""痩せていることが美しい"などといった価値基準が存在します。女性向けファッション誌をみても過度の痩身と言わざるをえない痩身体を維持しているモデルが散見されます。たとえば、有名女性ファッション誌ヴォーグは、2012年7月号で痩せすぎモデルを採用しない意向を示しています。こうしたことは、摂食障害を防止するためのメディアの配慮ともいえますが、痩身を求める女性の多さと過度の痩身を美しいと認識してしまうことへの警鐘ともいえます。

さて、日本において、"痩せている方が良い"や"痩せていることが美しい"という価値基準がスタンダードになったのは1970年代といわれています。当時、ツィッギーという華奢な女性が来日し、日本の女性たちのあいだで一大ムーブメントとなり、ツィッギーと同様に、細い足を出すようなファッションが流行

しました。そして、その時代から食行動の問題を呈する女性が増加し、現代では、"痩せていることが美しい"という一般的な基準が成立しているともいわれています。ツィッギーの来日が摂食障害の原因とはいえませんが、この時代から痩身を希求する女性が増加し、食行動の問題が増加していることからみると、社会一般に高価値を置く基準が、食行動の問題を発現・維持する有力な要因となるといえます。

　"痩せていることが美しい"という社会文化的影響を多大に受け、こうした価値観を有している場合、自己の価値を上げるためには"実際に痩せていること"と"他者から痩せていると評価されること"が必要不可欠です。たとえば、過度のダイエット行動や嘔吐や下剤乱用などといった不適応的な食物排出行動を通して、実際に痩身体を手に入れることができたとします。そこで、実際に痩せているという現実だけでは、自身の価値観である"痩せていることが高価値"という基準に追いつくことはできず、他者から評価される経験が必要です。しかしながら、対人関係場面において、自身で求めるような他者評価を得る経験は少なく、結果として、「(他人に認められるよう)もっと痩せなくてはいけない」と、強迫的ともいえる食事制限を実行し、食行動の問題を抱えるに至ることもあります。

　以上のように、食行動の問題は、自己評価と他者評価の問題といえます。

(2) 摂食障害と自己注目の特徴

　食行動の問題と自己注目との関連性を検討した研究は、米国を中心に検討が進められてきました。ここでは、身体像不満足感の強さや食行動の問題と自己意識や自己注目とのあいだには有意な関連性が認められることなどが指摘されています。そして、なかでも他者から観察・評価される経験に伴う自覚状態の誘導が身体像不満足感に関係する可能性がまとめられています。

　先行研究などで指摘されるように、他者評価への敏感性が食行動の問題の誘因となる可能性を前提とするのであれば、公的自己意識特性に伴う自覚状態の誘導が他者意識への敏感性を強め、その結果として食行動の問題が出現すると

いう一連のプロセスが想定できます。また、前述の通り、"痩せていることが美しい"という理想的な価値基準を有している場合、公的自己注目の高まりから、他者評価へ敏感になるとともに、理想的価値基準をより鮮明に認識し、その基準に追いつくことができない（高い他者評価を得ることができない）場合に、基準に追いつくための食行動（極端で不健康なダイエット行動など）を実行し、結果として食行動の問題を呈することも想定できます。

以下で、公的自己意識特性と私的自己意識特性が食行動の問題とどのような関係にあるか考えてみましょう。

①食行動の問題と公的自己注目

公的自己意識特性の高さに伴う自覚状態の誘導により、他者評価への敏感性が高まることで、身体部位（他者から評価することが可能な自分）に対する評価への敏感性が高まることが考えられます。一方、こうした自覚状態で、自分自身でもつ理想的基準が鮮明に認識されることから、他者から評価することが可能な身体部位に対する理想的な基準（痩身）にあらためて注目する可能性も考えられます。

こうした状況で、実際に理想的な基準と合致するような痩身を手に入れていても、多くの場合、理想とする基準はそのつど高くなる（もっと痩身でなくてはならないというあらたな欲求が生じる）ことから、達成することが難しく、身体像不満足感が強化され、理想に追いつくための行動（極端で不健康なダイエット行動など）を呈する可能性があります。そして、極端で不健康なダイエット行動などを継続することで、より病的な摂食障害へと移行することも指摘されています。したがって、食行動の問題は、公的自己意識特性やそれに伴う自覚状態、また、対人関係で生じる他者評価をどのように認識するかに多大な影響を受けるものといえます。

②食行動の問題と私的自己意識特性

食行動の問題と私的自己意識特性の高さに伴う自覚状態との関係性について言及する先行研究はそれほど多くはなく、未だ検討の余地があるといえます。こうしたなか、私的自己意識特性と食行動の問題との関連性について検討した

研究をみると、私的自己意識特性の高さに伴う自覚状態の誘導が"自己の内的感情への注視"を促し、ここで否定的感情を発見することで否定的感情への対処行動が生じるといったプロセスが、食行動の問題を説明しうる有力な特徴であることがまとめられています。

　前述の通り、私的自己意識特性の高さに伴う自覚状態の誘導は、自己の内的感情への注目を促し、自己の内的感情の発見・強化に影響し、その感情がネガティブなものである場合、それを低減させるための対処行動が発現するといった一連のプロセスが想定されています。たとえば、自覚状態が誘導されることで、身体像不満足感をより強く自覚し、その結果として身体像不満足感を低減させる行動（極端で不健康なダイエット行動など）が出現する可能性があり、公的自己意識特性で紹介した特徴と同様、極端で不健康なダイエット行動などを継続することで、より病的な摂食障害へと移行することも指摘されています。したがって、食行動の問題は、対人関係のなかで生じるネガティブな感情を自分自身でどのように認識し対処するのかに依存するものといえます。

　以上の通り、食行動の問題と自己注目との関係についてごく簡単にまとめました。公的自己意識特性の高さに伴う自覚状態が他者評価への懸念を生み出し、他者評価を高めるための行動として食行動の問題が生じ、私的自己意識特性の高さに伴う自覚状態が、ネガティブな内的感情を強化し、それを低減させるための行動として食行動の問題が生じると端的に説明することができます。このように、自己注目が食行動の問題に影響する可能性が示されるなか、自己注目の質的な相違により、食行動の問題につながるまでのプロセスがどのように異なるのかを考えることで、食行動の問題をもつ人々の心理的側面の一端を理解できるのではないでしょうか。

（3）摂食障害予防に向けて

　食行動の問題は、痩身に高価値を置く社会文化的風潮に影響を受けながら、他者評価や自己評価の低さが発現・維持要因となる可能性があることから、摂食障害をはじめとした食行動の問題を予防する際、個人の価値基準や、他者評

価あるいは自己評価の問題、ひいては対人関係のあり方などについてかかわりをもつことが求められるかもしれません。一方で、個人の価値基準や自他への評価を取り上げ、予防的なアプローチをすることは難しいといわざるをえません。たとえば、認知行動療法的なアプローチを用い、個人の価値基準や評価の問題へ介入し、また、不適応的な食行動を修正するなどといった試みは、カウンセリング場面では妥当といえますが、広く集団を対象とした予防を想定した場合には、簡単ではありません。さらに、食行動の問題を抱え、日常生活を送る人々をみると、そのなかには、食行動の問題は解決すべき問題である自覚をもっているものの、食行動の問題を呈しているからこそ、自身が理想とする痩身を保てているといった状況にある者も存在します。こうしたことから、心療内科や精神科などといった食行動の問題を治療する専門機関への受診率はそれほど高くないといった現実もあります。

　以上から、食行動の問題を予防する際、第一の選択肢としてあげられることは、"情報提供"です。食行動の問題を抱える以前に、食行動の問題が発現・維持する心理的なプロセスを理解することで、重篤な状態へ移行することを抑制できる可能性があります。また、現状で食行動の問題をもつ場合には、自分自身が病的な状態であり、治療が必要なのかどうかを知ることにも大きな意義があります。たとえば、厚生労働省のWebページには、『知ることからはじめようみんなのメンタルヘルス』というページがあり、そのなかで摂食障害の概要が説明されています（http://www.mhlw.go.jp/kokoro/speciality/detail_eat.html）。また、本章のテーマである自己注目の観点から食行動の問題を説明した結果をリーフレットなどにまとめ、広く一般的に周知することも、情報提供という観点からいえば有効な手段となりえます。図3-1は、本章で紹介した食行動の問題と自己注目との関係を簡略化し図示したものです。

　第二の選択肢は、学校精神保健の場における予防的支援を展開することです。食行動の問題に対人関係の問題が潜在しているのであれば、対人関係を結ぶことが必須となる学校場面において、対人関係に関与するような取り組み（心理教育など）を実施し、効果測定をするなどといった方法も有効です。たとえば、

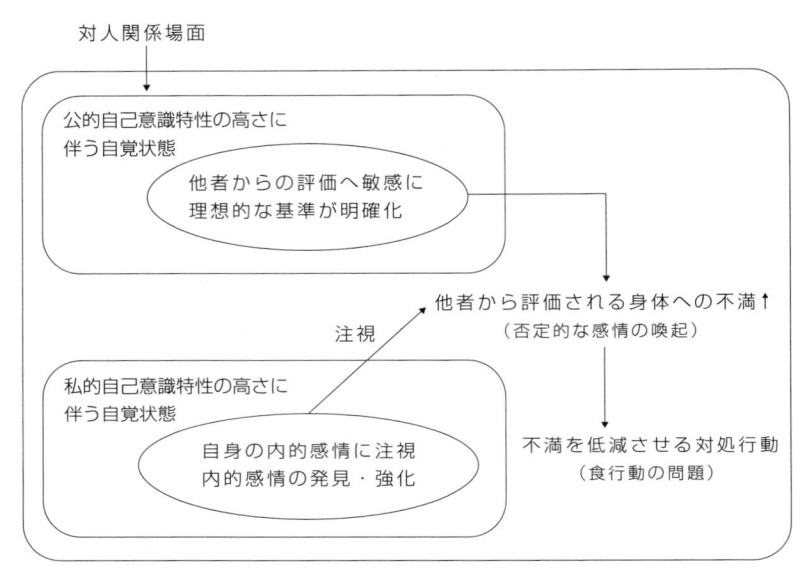

```
                対人関係場面
                      ↓
  ┌─────────────────────────────────────────────┐
  │ 公的自己意識特性の高さに                      │
  │ 伴う自覚状態                                  │
  │   ╭──────────────────╮                       │
  │   │ 他者からの評価へ敏感に│──────┐            │
  │   │ 理想的な基準が明確化  │      │            │
  │   ╰──────────────────╯      ↓            │
  │                     他者から評価される身体への不満↑
  │              注視    (否定的な感情の喚起)        │
  │   ╭──────────────────╮      ↓            │
  │   │ 自身の内的感情に注視 │    不満を低減させる対処行動
  │   │ 内的感情の発見・強化 │    (食行動の問題)     │
  │   ╰──────────────────╯                       │
  │ 私的自己意識特性の高さに                      │
  │ 伴う自覚状態                                  │
  └─────────────────────────────────────────────┘
```

図3-1　食行動の問題と自己注目との関係

　対人関係療法のエッセンスを盛り込んだ心理教育やロールプレイ、アサーションやマインドフルネスなどの方法論を簡便に紹介し、実施することも効果的でしょう。また、ここでは、第一の選択肢である情報提供も並行して行う必要があります。たとえば、図3-1を提示し食行動の問題の成り立ちを理解した上で、具体的な取り組みを展開することが何より効果的です。

　自己注目は、まさに自分自身がもつものですが、それは他者の存在により大きく変化するものでもあります。他者とのかかわりが欠かすことができない社会的生活のなかで、自己への注意の向け方をセルフコントロールすることで、食行動の問題を解決する手掛かりをつかむことができるかもしれません。

（山蔦　圭輔）

読者のための図書案内

辻平次郎（1998）．自己意識と他者意識　北大路書房：自己意識特性に関する学術的理解を促進するとともに、各種研究成果がまとめられている書籍です。

野上芳美（2004）．こころの科学セレクション　摂食障害　日本評論社：摂食障害の理解をたすける書籍です。食行動の問題の複雑さや、寛解の難しさ、支援の難しさを理解する上でも貴重な情報源となるでしょう。

ディスカッションポイント

（1）自分が実際にどのような食行動を呈しているか、頻度・量・質の側面から考え、それが適正なものか考えてみましょう。その過程で、心理尺度を用いても良いでしょう。

（2）公的自己意識特性と自覚状態・私的自己意識特性と自覚状態について、自分自身でそれぞれの自覚状態が誘導される場面を想定し、そこではどのような情動・気分が生じるか考えてみましょう。

（3）食行動の問題を予防する際、どのような方法がもっとも効果的であるか、そのプログラムを考えてみましょう。

【引用文献】

American Psychiatric Association（2013）．*Diagnostic and statistical manual of mental disorders*（*5th.ed.*）．Washington D.C.: Author.

Fenigstein, A., Scheier, M. F., & Buss, A. H.（1975）．Public and private self consciousness: Assessment and theory. *Journal of Consulting and Clinical Psychology*, **43**, 522-527.

石川俊男・鈴木健二・鈴木裕也・中井義勝・西園文（2005）．摂食障害の診断と治療ガイドライン2005　マイライフ社

坂本真士（1997）．自己注目と抑うつの社会心理学　東京大学出版会

菅原健介（1984）．自己意識尺度（self-consciousness scale）日本語版作成の試み　心理学研究　**55**, 184-188.

髙橋三郎・大野裕監訳（2014）．DSM-5精神疾患の分類と診断の手引き　医学書院

山蔦圭輔・中井義勝・野村忍（2009）．食行動異常傾向測定尺度の開発および信頼性・妥当性の検討　心身医学　**49**, 315-323.

Column 3

【抑うつと自己注目】　自己を意識すると、その場で自分がどのように行動すべきかという基準が明らかになり、自己の行動を調整することができます。自分以外誰もいない空間ではだらしない格好をしていても、他者から見られる空間できちんとしたふるまいができるのは、他者から見られる自己を意識したためといえます。また、自己について考えを巡らすことで自分を知ることもできます。自分がどんな人間であるかを知ることは、人とうまくつきあっていくために必要でしょう。**自己注目**には、このようなポジティブな効果がありますが、心の健康を損ねるような負の結果をもたらすこともあります。第3章では、自己注目と摂食障害との関連が述べられていましたが、ここでは抑うつとの関連を説明します。

　自己注目についての実証的な研究は主に社会心理学で、抑うつについての心理学的研究は主に臨床心理学の分野で行われてきました。自己注目については、なんらかの刺激（S）によって実験室的に自己への注目を高めた時（O＝自覚状態）、認知、行動、感情にどのような変化（R）が生じるかを調べてきました。一方、抑うつについてはさまざまな理論がありますが、認知的な理論では、ネガティブな出来事に遭遇し（S）、なんらかの認知的な処理が行われ（O）、その結果、抑うつ的な状態（R）になると考え、どのような認知的な処理がなされるかを検討してきました。これらの研究は別々に行われてきましたが、研究が進むにつれ、自己注目の結果生じた反応と抑うつ的な症状に類似性があることがわかってきました（図コラム③）。たとえば、感情の増幅、原因の自己への帰属、会話場面での自己への言及、自己評価の低下などです。このことから、「ネガティブな出来事に遭遇したことで、自己に注意が向いてなんらかの認知的な処理がなされ、その結果、抑うつ的な状態になった」と仮説を立てることができます。しかしながら、自己注目を高めた場合の反応は、ポジティブな効果もネガティブな効果も発生させると考えられますので（例：ポジティブな感情も増幅させる）、「自己注目を高めること＝抑うつ的な認知処理」というわけではありません。

　そこで、自己注目と抑うつとの両方を変数として取り上げた研究が行われるようになってきました。たとえば坂本（1997）は、自己注目と抑うつの3段階モデ

ルを提起しています。このモデルでは、抑うつの経過に合わせて、自己注目を①始発、②作動、③持続の3つの段階に分けて検討しています。始発とは、環境からの刺激に応じて自己に注意を向ける段階で、作動とは、自己に注意を向けた結果、認知・感情・行動に影響が出てくる段階です。ここまでは、抑うつ的な状態になっていても、大きな問題には至りません。抑うつが問題になるのは、持続の段階、すなわち抑うつ状態において、さらに自己に注意を向け続けてしまう段階です。この段階では抑うつ気分が強くなっているので、自己に注目した場合になされる認知的処理は、抑うつ気分の影響を受けます。したがって、先に示した自己注目の結果も抑うつ気分の影響を受け、ネガティブな気分が増幅したり、ネガティブな結果を自己に帰属したり、会話場面でネガティブな自己に言及したりし、結果的に抑うつ状態が強まります。また、この状態で意識されているネガティブな自己概念を確かめるための行動をとったり（自己確証）、気分一致効果によりネガティブな記憶にアクセスしたりすることも、抑うつ状態を強めることになります。

　抑うつ状態では、なんらかの解決策を見出そうとして自分について考えることもあるでしょう。そのような場合、単に考えるのではなく、認知再構成法で用いられる記録用紙などを使って冷静に、客観的に、時には誰かと一緒に自分をふり返ることが重要です。

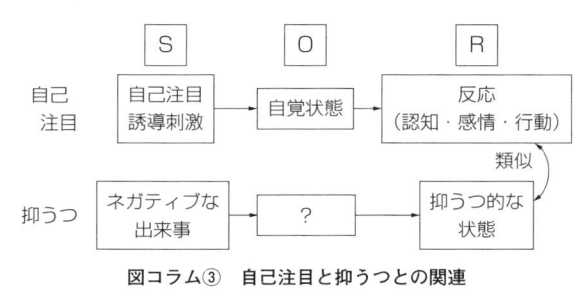

図コラム③　自己注目と抑うつとの関連

（坂本　真士）

＊引用・参考文献
坂本真士（1997）．自己注目と抑うつの社会心理学　東京大学出版会
坂本真士（2009）．ネガティブ・マインド　中公新書

Chapter 4　対人不安

　住み慣れた街を離れて、Aくんは大学に入学しました。入学式は黒山の人だかり、地元で買ったばかりのはじめて着てみたスーツもなんだか窮屈で自分に合っていない感じがします。サークルの勧誘も激しく、体育会系の体格のいいお兄さんも、文化系のやさしそうなお姉さんもみんな元気に声をかけてきます。高校までのテンションではやっていけなさそうな雰囲気がひしひしとします。そういえば、大学って自分で授業を組まなきゃいけないな、やっぱりサークルに入っといた方がいいかな、でも昔から人づきあいはあんまり好きじゃないんだよな……などと考えつつ、入学式の日は人波に飲まれて終わってしまいました。

　いよいよはじめての授業の日。高校とは全然違う感じの先生が講義を始めます。すっかり別世界に来てしまったように感じました。友だちをつくればなんとかやっていけるんだろうなとは思いつつも、誰にどういう風に声をかけてよいのやら。はじめのきっかけはちょっとした違和感だったのですが、大学生活を進めるうちに人とのかかわりに不安を感じることが増えてきました。

1. ≫　対人不安とは

（1）不 安 と は

　このAくんはこれからどうやって不安とつきあいながら卒業していくのでしょうか。いや、卒業するまでの4年間だけならまだよいのですが、卒業してからも人とのあいだでの社会生活はずっと続きます。社会生活を絶ってネットの住民となったとしても、やはりそこでも人間関係は存在することでしょう。人が生きていくということは、人との関係で生じる不安とは切っても切れない

関係にあるといえます。

　米国精神医学会によると、不安とは「未来の脅威の予期」に関する現象です。ですので、上の例にあるように、「単位を取れるだろうか」とか「これからうまくやっていけるだろうか」という思いの裏側には、「卒業できないかも」とか「どうにもならなくなるかも」という結果がこれからあるかもしれない、という予期があります。しかし、未来に存在しているかもしれない不都合な状況をイメージする力があれば、障壁となりそうなことを前もって考えつつ対処していけます。これは生き残るためには大切なことです。人間はこのように未来をイメージする能力があるので、その裏側にある不安から逃げることが難しいのです。もし不安がなければ、脅威に気づくのが遅くなって手遅れになってしまうかもしれませんから。

　また、不安という言葉は実はいろいろなものを含んでいます。「まずい」「どうしよう」という心のつぶやきは、主観的な「**症状**」です。「症状」と聞くと病気をイメージしますが、病気とまではいかない人でも症状は存在しますので、「普段と違って現れる心の現象」ぐらいに思っておいてください。他の側面にも症状はあります。おなかが痛くなったり、汗がやたらと出たり、といった体に現れるものは身体的症状です。冒頭の例でいうと、地元でつくったスーツがなんだか合わない感じがしているのは、筋肉の緊張という身体的な不安が現れているからかもしれません。この身体的不安ですが、たとえば、一心不乱にものごとに取り組むようなタイプの頑張り屋さんは、「まずい」「どうしよう」という思いを横に追いやっていたり、気づけない場合も多いので、いくら不安であったとしても、この身体的症状だけを体験している場合も多いのです。これは頑張り屋さんの裏側の側面が現れているという言い方もできるかもしれません（他の要因もあるかもしれませんが）。

（２）不安の機能

　上でふれたように、不安とは未来を予期する人間の機能と表裏一体ですので、この機能を保ちつつも不安だけを感じずにいることは難しいことです。つまり

第１節　対人不安とは　49

ある程度不安を感じることは仕方がないということです。こう表現するとネガティブな面だけ押しつけられたような気分になってしまいますが、良い材料もあります。それは、**ヤーキーズ・ドッドソンの法則**というものです。不安が強すぎるとあまり良い結果を生みそうにないことは想像できますが、かといって不安を感じなければうまくやれる、というわけではないのです。不安は覚醒水準を高める現象ですが、覚醒水準が低すぎたりするよりも、適度に覚醒状態が高い時、すなわち不安が適度にある場合の方がかえってものごとをうまくできることがわかっています。未来への予期という認知的な機能だけでなく、ものごとをうまく行うための機能も持ち合わせているといえます。

ただし、未来の脅威を予期する場合、現実的ではないほどのあまりに大きな脅威を想定していると、それに伴って強い不安が現れてくることになります。このように、現実という要素も大きいですが、現実や未来をどのように予期するのか、認知するのかという点は不安に限らず症状の生起に大きな影響を与えるものです。この観点についても後でふれたいと思います。

（3）対人不安の症状

この節からもう少し人前での不安、つまり対人不安に特化した症状を紹介していきたいと思います。日本では割と対人不安を感じる人が多いというイメージがあります。そして、その研究は早い時期から行われ、1920年頃には日本の精神科医である**森田正馬**（1874-1938）が**対人恐怖症**という概念を作り出し、森田療法を開始しています。欧米では1960年代になって認知行動療法の研究者によって社会恐怖という概念が提案され研究が開始されました。さらにDSMという国際的診断基準で社会恐怖が扱われるようになって、欧米社会でも社会恐怖、いわゆる**社交不安症**という疾病概念についての研究と臨床がさかんになってきています。欧米社会の人たちのもつ社交不安症と日本の人たちのもつ対人不安とはどのように違うのか、どのような点で共通しているのかという点については、今後さらに研究が進んでいくところですが、ここではDSMに基づきながら、日本での研究にもふれていきたいと思います。

表4-1　DSM-5の社交不安症の診断基準の抜粋

A．他者の注視を浴びる可能性のある1つ以上の社交場面に対する、著しい恐怖または不安。例として社交的なやり取り（例：雑談すること、よく知らない人に会うこと）、見られること（例：食べたり飲んだりすること）、他者の前で何らかの動作をすること（例：談話をすること）が含まれる。
B．その人は、あるふるまいをするか、または不安症状を見せることが、否定的な評価を受けることになると恐れている（すなわち、恥をかいたり恥ずかしい思いをするだろう、拒絶されたり、他者の迷惑になるだろう）。
C．その社交的状況はほとんど常に恐怖または不安を誘発する。
D．その社交的状況は回避され、または、強い恐怖または不安を感じながら耐え忍ばれる。

　まず、社交不安症とはどのような現象なのでしょうか。表4-1は最新のDSM-5から主なところを引用したものです。これによると、社交不安症とは他者から見られることにより（見られる可能性も含む）顕著な恐怖や不安を感じることを意味します。こうした不安の中身ですが、社交不安症には共通して、**他者からの否定的な評価へのおそれ**が存在すると考えられています。つまり、これはBにあたります。これは「Fear of Negative Evaluation」の略語であるFNEに相当するものであり、社交不安症の文脈では重要視されている用語です。これは具体的にはどのようなことかというと、「僕はつまらない人間と思われるのではないか」「ばかげたことを言ってしまうのではないか」、あるいは「まわりの人を不快にしてしまうのではないか」「自分が不安だと人にばれてしまうかもしれない」「何も言えなくなってしまうのではないか」「まわりの人に嫌われている」といった心のつぶやきに関連しています（クラーク, 2008）。人から否定的な評価を受けることは、社会的にやっていけなくなること、つまりまわりの人から得られるはずのものが得られないといった事態につながりかねないことです。上記を見ると、単にFNEと関連するといっても、さまざまな表現があることがわかります。自分がどのように不安になっているのか、つまり、自分はどういう理由でそれを脅威としているのかを内省することが、不安の改善には大切です。

　細かい認知の話にいく前に、対人不安が生じやすい状況についてお伝えしたいと思います。DSM-5では雑談する状況、よく知らない人と会話する状況、

人前で食べたり飲んだりする状況などをあげています。以前は「会議をする状況」「パーティに参加すること」などもあげられていましたが、とくにパーティは日本人にはあまりなじみがないものかもしれません。逆に日本でよく話題になるのは、DSMにもありますが、よく知らない人、もっと詳しく言えば、名前や顔見知り程度の「半知り」の人が苦手であることが多いようです。これは佐々木ら（2005）の研究でも実証されています。この研究では、3つの心理的距離にある観察者を設定しています。すなわち、もっとも気心の知れた同性の友人である「ミウチ」、話をしたことはないが、顔や名前を知っている同性の人である「セケン」、見知らぬ人である「タニン」の3つです。そして、それぞれの人に対する対人状況での恥ずかしさを聞くと、「セケン」の人に対する恥ずかしさが「ミウチ」「タニン」よりも有意に高いという結果が現れてくるのです。また、大勢のみならず3人という状況が苦手な人も多いものです。たしかに、3人で話をしている場合は、自分以外の2人のどちらに目を合わせて、どちらに話しかけて、どちらの話を主に聞けばよいのかわからなくなります。また片方の人の話に集中してしまって、もう1人がどのように自分のことを思うのかと感じてしまうなど、ここにも他者からの否定的な評価へのおそれが垣間見えます。

　さて、対人不安の人はどのようなことで悩むのでしょうか。ここからはいくつかのトピックスについてふれていきたいと思います。

①加害観念と忌避観念

　加害という言葉を聞くと何かの事件の加害者になったかのような感じがしますが、対人不安における加害観念とは、「人に迷惑をかける」とか「人を不快な気持ちにしてしまう」と思うことを指します。あなたがこれまで生きてきたなかで、いざこざに巻き込まれたことは思い出せるだけでもいろいろあることでしょう。もしないなら大変に幸せなことだと言えます。ただ、いざこざという形として現れなかったとしても、人間は自分の利益を追求する存在ですので、自分が行動をしている際は他者も行動をしている、つまり協同できないかぎりはどちらかが折れなければいけないことが多いといえます。近藤（1970）は対

人恐怖症に関して、人から嫌われないようにして好かれたいという欲求（配慮的要請）と、自分が他人に優越したい、優越しなければならないという欲求（自己主張的要請）という2つの相反する欲求が存在していて、それらが葛藤していることを論じています。この2つの欲求はものすごく自然なものです。この本のキーワードである「社会」は、さまざまな人が協力して作り上げており、それが個人の適応に有利に働くからこそ維持されてきたといえます。私たちは社会から多くのものを得ることができます。ただし、社会から逸脱していないことが条件になる場合が多いです。個人の欲求はともすれば複雑な構成概念である社会の倫理観とかち合うことがしばしばあります。

「人を不快にした」とか「迷惑をかけた」という観念（認知）は、社会のなかに生きている私たち人間にとってはある意味、機能的なものです。なぜなら、こういった観念をもつことは、自分の言動を文脈に合うように修正し、社会適応への動機づけを高めるからです。また一方で、これまでの研究では、この種の観念に関連して非常に妄想的な事例が数多く報告されています。つまり、真偽のほどは問わず人を不快にした、迷惑をかけたと信じ込んでいるのです。おそらくこうした観念を強くもつ、強く信じることが上でふれたように都合が良いからであると思われますが（Sasaki et al., 2013）、このような観念は観念でしかない場合も多く、他者を不快にしたり迷惑をかけた客観的な言動が本当にあるのかどうかは別の話ですし、何より個人としての適応を低めてしまい、さまざまな対人関係で苦しい思いをするのであれば、なんらかの手立てが必要になるでしょう。

近年は海外でこうした**加害観念**についての報告もいくつかありますが、主に日本でこうした観念についての研究が行われてきました。しかし、治療や改善に向けて加害観念をどのように扱えばよいのかまだあまりわかっていません。日本文化において加害観念が妄想的になりやすいものなのかどうなのかも、今後の研究で明らかにしていかなければいけないことでしょう。

忌避観念というのは、こうした加害観念と対になって現れることの多いものです。人に迷惑をかけた、そして人に嫌われている、と感じることが多いよう

です。Sasaki & Tanno（2006）は、たとえば大学生を対象に、リストアップされた自己の側面によって他者を不快にしていると思うか、そしてそれによって他者に嫌われると思うかを調査したところ、リストアップされた14個の側面のなかでも、表情、目つき、動作、話し方、性格などが要因となって嫌われると思うと回答した人の割合が高いことが明らかになりました。さらに、加害観念と忌避観念とのあいだには$r=0.5$を超える高い相関関係があることがわかりました（Sasaki & Tanno, 2006）。このように大学生にもなじみの深い体験であることがよくわかります。

②自我漏洩感

自我漏洩感とは自分から他者に対して何かが漏れ出ていくという主観的な体験を指し、対人恐怖症から統合失調症へと至るスペクトラムに共通して存在するといわれていますが、健常者でも体験しうるものです。健常者の場合であてはまりやすいのは、不安症状を呈することによって、他者に自分の内面的に感じていることが伝わってしまう、と感じる体験です。DSM-5には不安症状を見せることによる否定的評価へのおそれが記載してあります。佐々木・丹野（2004）がまとめた自我漏洩感状況尺度から例をあげると、「友だちにからかわれて顔が赤くなってしまった時、動揺していることや平静を装おうとしていることがばれてしまっているように感じた」「異性との仲をからかわれて赤面してしまった時、動揺していることがばれてしまっているように感じた」「嫌いな人やあまり親しくない人と話す時、知らず知らずのうちに苦手意識が自分の目つきや表情に出てしまい、相手にそれがわかってしまったかなと感じた」などがあります。

他者に自分の内面的に感じていることが伝わってしまうとどうなるか――平気だという人もいるのですが、それを苦痛に感じる人にはいくつか特徴があります。佐々木・丹野（2005）は、自我漏洩感が苦痛になる要因を調べています。その結果、自分には人を不快にするようなところがある、人に嫌われたくない、相手はこちらの気持ちを探っている、自分の気持ちは内緒にしたい、と思う傾向が強いほど苦痛が高いことが明らかになりました。この体験も、相手に伝わ

ることで、他者を不快にさせそして嫌われる、と感じる構造をもっています。

　このように、対人不安に現れるさまざまな「症状」の例として、加害観念・忌避観念・自我漏洩感を紹介しました。FNE の観点から言えばこれらはひとくくりにされるものですが、対人不安という現象のもつニュアンスにもいろいろなものがあることがよくわかると思います。紹介した研究はいずれも大学生を対象に行われたものであり、体験頻度は高いことが明らかになっていますので、日常的に大学生が感じやすい体験といえるでしょう。

　ただ、上では「」で症状と記載しました。これは普段とは違って現れる心理的現象という意味合いであり、病気だということではありません。なんらかの手当てが必要になる場合は、**社会的機能**が低くなっている、つまりこれらの症状が人とのかかわりを阻害していて、それによって暮らしづらくなったり自分の得たいものが得られなくなっている場合がそれにあたります。DSM による精神疾患としての診断では社会的状況にふれると、ほとんどいつもそうした不安を抱く状態が 6 ヵ月以上持続することが必要です。逆にいうと、たまに「症状」が出ることはよくあることだといえるかもしれません。自分に何かの症状が出たとしたら、その症状が自分の何に役立っているのかを考えてみるのも自分を知るための切り口の 1 つです。

　最後になりましたが、こうした対人不安の症状は社会的な状況で生じるので、それがしんどいと回避したくなるのが人情です。しかも、一度回避するともう一度回避したくなるのも、また人情です。学習理論でいう**オペラント条件づけ**によって、**回避行動**は強化されていきます。こんなに不安を感じなくてもよいはずなのに、どうしても不安になって回避することが続くと、自分を責めることも増えてしまうことでしょう。このようにして社交不安症はうつ病も併発することがあります。

2. ≫ 対人不安の高まりのしくみ

(1) 認知の影響

　前節でも少しふれましたが、他者を不快にしたり迷惑をかけたという観念をその人がもったとしても、他者が本当に不快になったり迷惑に感じたりしているかどうかは正直なところ検証できない場合が多いのが難しいところです。これはちょうど、図4-1のように整理できます（佐々木, 2008）。相手に聞いたとしても、「いや、そんなことないよ」という答が返ってくることが多いでしょう。つまり、本当に「そんなことない」のか、こちらに気を遣って「そんなことはない」と言っているのか、わからないのです。第三者に聞いてみても人の感じ方はそれぞれでしょうから、「そんなことないんじゃないか」というあいまいな返答になるでしょう。このように、気を遣ってくれてそう言っているのか、実際そうなのかがわからない、という状況もさらに対人不安の苦悩を高める要因になると考えられます。そしてもし気を遣ってくれているなら、気を遣わせたことに対しても申し訳ないことをしたなどとさらに自己に対して否定的な評価を予想してしまいます。それならいっそのこと嘘でも「そうだよ」と言ってくれた方が楽だという人もいるかもしれません。このような不安をお持ちの方に実際にお会いしてみると、まったく人を不快にするような人には見えないことが多いものです。

　このことは、対人不安という現象に認知という要素が大きく絡んでいることを示しています。つまり、なんらかの状況（Activating

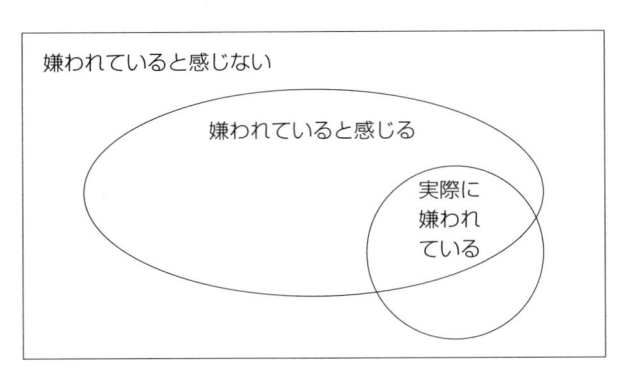

図4-1　「嫌われている」ことと「嫌われていると感じる」ことの包含関係の概念図（佐々木, 2008）

event：A）を体験することによって不安（Consequence：C）を体験しているのですが、この不安は A によって生じているというより、その状況をどう**認知**したのか（Belief：B）によって起こっていると説明できます。まったく人を不快にしたような事実がなくてもそう感じてしまう場合もあるので、この B の部分が大きく不安に影響していることがわかります。これはアルバート・エリスという臨床心理学者が広く広めた考え方ですが、この **ABC 図式**で考えると不安という体験がより理解しやすくなります。

（2）対人不安の自己呈示理論

　対人不安は相手の目に映る自分の姿をめぐって生じる体験です。相手がどう思ってるかな……という心配には、相手の目に自分がどのように映るのかをイメージするという過程が欠かせません。ただし、相手によってはそれをイメージしたとしても不安にならない場合もあります。

　社会心理学には自己呈示という理論がありますが、これは他者の目に自分がどう映るのかをイメージし、それを自分にとって望ましい方向に変えることです。**対人不安の自己呈示理論**は、この自己呈示したいという欲求とそれができるかどうか、という自己効力感を掛け合わせたものによって対人不安の強さが規定されていると考えます（Leary, 1983）。つまり、自己呈示したい、という欲求がもともと低い相手であれば、相手にどのように思われてもとくに問題がないので、不安も高まりにくいと言えます。逆に自己呈示をしたいという欲求が高くなる相手や状況ですと、本当に自分が自己呈示できるかどうかという自己効力感が最終的な不安感の高さを左右することになります。

　対人不安の**自己呈示欲求**が高まる要因はさまざまです。1）公的自己への注目、2）期待した結果の価値、3）初対面、4）印象を与えたいと思う他者の特徴（権威のある人、専門家、異性の仲間、身体的に魅力がある人）、5）評価的な状況、6）共存他者の数、7）承認欲求、8）ネガティブな評価へのおそれなどがあります。

　一方、**自己効力感**が低くなるのは、大きく分けて、どのような自己イメージ

が望ましいのかわからない場合と、望ましいイメージをうまく作れないと感じる場合の2通りがあります。前者の場合は、はじめてそのような状況を体験する場合やどのような役割をとったらよいかあいまいな場合がそれにあたります。こういった場合はまわりの人から情報収集を行ったりして、呈示したらよい自己イメージを固める作業が有益ということになります。冒頭の大学の新入生の例ですと、まわりの友だちに話しかける時が不安ということでしたら、まわりの友人がどんな人か、どんな人と関わっているのか、どんなものを持っているのか、など、相手のイメージをまず膨らませる方がよいことになります。

　後者の場合は、1）自己評価が低い場合もしくは自己評価の基準が高い場合、2）同じような状況で失敗した経験がある場合、3）共行為者の数が少ない場合、4）自分の容貌には魅力がないと認知している場合、5）対人スキルが下手だと認知している場合、といった時に自己呈示の自己効力感が低下するようです。つまり、自分はうまく話すことができないといった具合に自己評価が低かったり、「かっこいい人物に見せなければいけない」とその基準が高かったりする場合は、いざ自己呈示しようにもしにくいという感じになることでしょう。またはすでに入学後に誰かに話しかけてみたのにうまく話が続かなかったということが頭に残っている場合、あるいは、向こうは数人でいるのに自分ひとりが話しかける、という時もでしょうし、自分はなんだかまわりと比べて格好が悪いように思っていたりすると、仲間に入るために少しのあいだならば背伸びすることができたとしても、ずっと続けるのには難しさを感じるかもしれません。あるいは、以前から話しかけるのが下手だと思っているなら、自己呈示をしようにも、あるいは自己呈示をしたとしてもなんだか不全感が残ることでしょう。

　このなかでもとくに5）の対人スキルの欠如については、対人不安の傾向が高い人にはよく現れるものですが、これはあくまでもそう認知されているということであり、実際のスキルが高くても自分は話すのが下手だと思っている場合も結構あります。この場合は実際にはうまくやれていることが多いのです。対人不安を自己呈示の立場から考える際、以上のような要因によって対人不安

が高まるといえますが、自分は客観的に見てどうなのか、そして自分にとって変えやすいところはどのようなところかをふり返ってみるのが第一歩となるでしょう。

（3）対人不安の認知行動理論

レアリーの対人不安の自己呈示理論では、他者から自己がどのように見えるかをイメージし、それを変えようとする際の心の動きをとらえていました。最後に紹介する**クラークとウェルズ**（Clark & Wells, 1995）**の認知行動モデル**もこのような要素を含みます（図4-2）。前者の理論が対人不安の発生に関する理論であったのに対し、後者の理論は対人不安がなぜ長引いてしまうのかという維持についての理論です。この理論は**認知行動療法**のベースとなるものです。

この理論でも同じく他者から自己がどのように見えるのかをイメージしますが、それをどのように行うのかを説明しています。対人不安の傾向が高い人は、自分がどのように見えるのかを想像しているわけですが、この想像をリアルに行うためにはさまざまな情報が必要になります。なかでも、不安下においては自分の身体反応や感情、認知などに注意が向きやすいため、これらを情報として取り入れた自己イメージを作り出してしまいます。これは**観察者視点の自己**

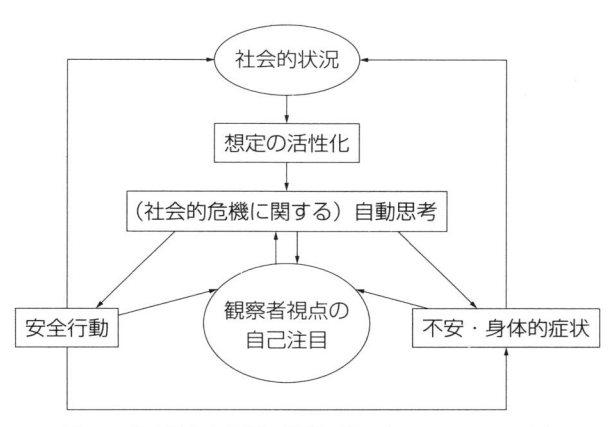

図4-2 社交不安症の認知行動モデル（クラーク，2008より）

注目と呼ばれている現象ですが、たとえば体が熱くなっていたり汗が出ていたり、焦りの感情に気づいていたり、どうしようどうしようという心のつぶやきに注意が向いてしまうので、これらの情報が取り入れられた自己イメージが作られてしまうのです。でもよく考えてみると、これらは他者から見たらほとんどわからない情報です。あるいは少しは他者から察しがつくとはいえ、自分ほど鮮明に体験しているわけではないはずです。しかしこの「鮮明」な情報が、より格好の悪い方の自己イメージに帰結する、ということをくり返してしまうため、不安が維持されることになります。

また、このように作られた自己イメージや高まる不安は、当然さらなる予期をもたらします。嫌われるのではないか、話が止まってしまうのではないか、怒らせてしまうのではないか、などが頭をよぎります。すると、人間は**安全行動**と呼ばれる行動を起こします。これは予期したような破局的な結果にならないように行う行動です。たとえば、話が止まらないように間髪を入れずに話題を提供して途切れないようにする、とか、嫌われないようにアイコンタクトを避ける、などですが、このように不安にかられて安全行動をしてしまうと、逆に人目を引いたりして不安を高めたりなど、逆効果になってしまうことが知られています。ですので、認知行動理論からは不安を回避したり安全行動をすることを見直し、不安そのものをやり過ごす方向性が不安の低減に効果的であることが示唆されています。

3. 終わりに

本章では対人不安について概説しました。最初の方で述べたように、対人不安自体は誰にあっても不思議ではない心の現象の一つですが、とくに思春期や青年期では大きな悩みとなる場合も少なくありません。対人不安の向こう側にある理想に目を向けながら、さまざまな角度からみずからの対人不安をこの時期にふり返っておくとよいでしょう。

（佐々木　淳）

読者のための図書案内

クラーク，D. M.　エーラーズ，A.　丹野義彦（監訳）(2008)．対人恐怖と PTSD への認知行動療法──ワークショップで身につける治療技法　星和書店：社交不安症への認知行動療法とその実際についてわかりやすく説明しています。

永房典之（編）(2008)．なぜ他者が気になるのか：人間関係の心理学　金子書房：対人不安にかぎらず、人間関係でゆれる心を心理学的に解説しています。

ディスカッションポイント

（1）否定的評価へのおそれから生じている身のまわりの行動を探してみよう。
（2）対人不安を感じることのメリットや機能は本章でふれた点のほかにどのようなものがあるのか、日常生活をふり返ってみて探してみましょう。

【引用文献】

Clark, D. M., & Wells, A. (1995). A cognitive model of social phobia. In R. G. Heimberg, M. R. Liebowitz, D. A. Hope, & F. R. Schneier (Eds.), *Social phobia: Diagnosis, assessment, and treatment.* New York: Guilford Press, pp. 69-93.

クラーク，D. M.，エーラーズ，A. 丹野義彦（監訳）(2008)．対人恐怖と PTSD への認知行動療法──ワークショップで身につける治療技法　星和書店

Leary, M. R. (1983). *Understanding social anxiety: social, personality, and clinical perspectives.* Sage.（レアリー，M. R. 生和秀敏（監訳）(1990)．対人不安　北大路書房）

佐々木淳 (2008)．なぜ人は嫌われていると感じるのか？　永房典之（編）　なぜ他者が気になるのか：人間関係の心理学，金子書房　pp. 60-72.

佐々木淳・丹野義彦 (2004)．自我漏洩感状況に対応した測定尺度の作成　精神科診断学，**15**(1), 25-36.

佐々木淳・丹野義彦 (2005)．大学生における自我漏洩感を苦痛にする要因　心理学研究，**76**(4), 397-402.

Sasaki, J., & Tanno, Y. (2006). Two cognitions observed in Taijin-kyofusho and social anxiety symptoms. *Psychological Reports*, **98**, 395-406.

Sasaki, J., Wada, K., & Tanno, Y. (2013). Understanding Egorrhea from Cultural-Clinical Psychology. *Frontiers in Psychology*, **4**, 894.

Column 4

【認知行動療法とは】　人は、日々の生活において、周囲の環境や状況、他者（家族、友人、恋人、職場の上司や部下、同僚）と影響しあいながら、過ごしています。同様に、私たち個人のなかでも、認知（ものごとの受けとめ方、頭のなかに浮かぶ考えやイメージ）、行動、気分や感情、身体は、互いに相互作用しあっています。認知行動療法は、そのなかでも、認知と行動に焦点を当てながら進めていく心理療法です。従来の認知療法と行動療法とがより効果的に組み合わせて用いられるようになりました。環境や気分・感情、身体反応を直接簡単に変えることは難しいのに対し、認知や行動は自分なりに変えていきやすいという特徴を有していることから、認知や行動に目を向けてアプローチしていきます。

　認知療法は、1970年代、米国の精神科医アーロン・T・ベックにより開発されました。認知の偏りを修正したり幅を増やしたりすること、問題解決を手助けすることで、働きかけるアプローチ法です（Beck et al., 1979）。自分自身や自分の置かれている状況に対するネガティブな認知があり、その認知が感情や活動や行動の低下を引き起こし、これらの症状がさらなる否定的な認知を誘発するという認知モデルに基づいています。たとえば、抑うつになりやすい人は、そうでない人に比べ、ネガティブな出来事をよりネガティブな方向にゆがめて解釈して落ち込んでしまうのだと説明されます。抑うつを生み出す考えには、一見世間では良いもののように考えられている場合もあり、たとえば、「ほかの誰からも好かれていなければ、幸せになることはできない」のような考えは、一見すると、望ましい考えのように思えることでしょう。しかし、いつもこのような考え方で生きていくと、常に周囲に気をつかい、自分自身が疲れてしまうのではないでしょうか。一見望ましそうであっても、自分を疲れさせてしまうまでその考えに縛られることは、不合理なことです。

　認知のゆがみ理論では、抑うつ的になりやすい人は、不合理な信念をもっており、そのためネガティブな出来事をよりネガティブな方向にゆがめて解釈して落ち込んでしまうのだと考えます。認知行動療法は、1990年代に、認知療法と行動療法とを効果的に組み合わせて用いることによって、問題の改善を図ろうと用い

られるようになりました。ストレスフルな体験の全体像を基本モデルによって整理すると、多くのケースでは、悪循環が見出されます。その悪循環を解消するために、認知面や行動面でどのように工夫できるのかをクライエントとセラピストとが協働して考え、実践していきます。用いられる技法としては、うつ病を中心として、認知再構成法、社会的スキル訓練、問題解決技法、行動スケジュールの調整、リラクセーションなど、また、不安障害に対しては、系統的脱感作法、暴露、自律訓練法などが用いられます。系統的脱感作法とは、不安や恐怖の状態と、それと拮抗するような筋弛緩のような反応は同時に起こらないという原理に基づき、リラクセーションの方法等を十分にトレーニングされた上で、不安・恐怖の対象を提示している際にリラックス状態をつくり、それをくり返す方法です。暴露法とは、不安や恐怖を感じる対象や場所、状況にみずからを段階的にさらし、その場所・状況が本当は恐怖症とは関係がないということを、少しずつ理解し恐怖を取り除いていく方法です。クライエントに対し、十分にアセスメントした上で、もっとも効果的な技法を複数組み合わせて用いることが多いです。現在では、さまざまな精神疾患への支援、再発予防のほか、有効なセルフヘルプの方法として、日常のストレス対処、教育場面へと応用範囲が広がってきています。

（森脇　愛子）

Beck, A. T., Rush, A. J., Shaw, B. F., & Emery, G. (1979). Cognitive therapy of depression. New York: Guilford Press.

Chapter 5 怒り

　大学2年生のEくんは、飲食店でのアルバイトを始めました。新しく入ったアルバイトのスタッフは、Eくんを含めて10名です。ところが、直属の上司Bさんは、Eくんに対してだけ、深夜の仕事を割りふったり、Eくんが質問をしても、決して答えてくれません。Eくんは「自分のみ不当に扱われている」、しかもそれが故意であると思い、強い感情がこみあげてきました。心拍数も速くなり、声もわなわなとふるえ、顔もみるみる赤くなり、熱くなってくるのを感じました。

1. ≫ 怒りとは

　みなさんのなかに怒りを感じたことが一度もないという人はいるでしょうか。おそらくそのような人はいないのではないでしょうか。例で紹介したEくんのように、上司から不当な扱いをされたり、身勝手な友人に約束を簡単に破られてしまったりするなどして怒りを感じるような経験は、日常的に経験されるものといえます。

　怒りは、基本感情と呼ばれる驚き、喜び、恐れ、嫌悪、悲しみなどのうちの1つに数えられています。心理学辞典（中島他, 2013）によると、怒りは、「欲求充足が阻止された時にその阻害要因に対して生じる」とあり、さらに、「生理学的には、怒りの状態では、交感神経系が活動し、血圧の上昇、心拍数の増加などの覚醒が生じるもの」と書かれています。怒りを含む、人間の感情生起メカニズムについて、心理学では古くからさまざまな議論が展開されてきました。怒りを含む感情の複層的な構造を理解したものとして、コーネリアス（Cornelius, 1996）の4つの視点を参考にすることができます。その4つとは、①認

知的な視点（感情は出来事や状況の評価に基づくとする視点）、②生理的な視点（感情とは身体反応であるとする視点）、③進化的な視点（感情は適応機能を有しているとする視点）、④社会的構築主義の視点（社会的構成主義の視点：感情は社会的目的に寄与する社会的構築体であるとする視点）です。①認知的な視点では、怒りは、生理的覚醒などの身体的変化が生じるだけでなく、怒りの対象（経験）がどのように評価されるかが重要とされます。②生理的な視点では、怒った時にみられる生理的な特徴に注目しています。ノヴァコ（Novaco, 1994a, 1994b）は、交感神経系の活動亢進や副腎髄質からのアドレナリン（エピネフリン）分泌の増加、さらには、心拍や血圧の上昇、呼吸数の増加、発汗などの生理的覚醒と、敵意性（故意性・不当性）の認知によって生じる主観的な情動状態を怒りであるととらえました。③進化的な視点では、怒りという感情をもつことは、適応度を高めるという考え方をします。そして、④社会的構築主義的な視点（社会的構成主義的な視点）からは、怒りの経験は、みずからの住む社会・文化における特定の道徳的秩序に沿って学習された特定の社会的規則や社会的文脈に基づいて構成されるととらえます。こうした４つの視点をまとめ、湯川（2008）は、「自己もしくは社会への、不当なもしくは故意による（と認知される）、物理的もしくは心理的な侵害に対する、自己防衛もしくは社会維持のために喚起された、心身の準備状態」と定義しました。怒り経験について、日本人254名を対象に、最近１週間の怒り経験の頻度を調べたところ、約80％の人が怒りを感じる経験をしたことが報告されています（大渕・小倉，1984）。それだけ、私たちにとって身近な感情であり、経験する頻度も高いといえます。そして、どのようなきっかけで怒りが喚起されるのかを、日本で調べたところ、欲求不満や、プライドが損なわれる経験等の心理的被害によって生じる怒りが65％以上を占めていることがわかりました（大渕・小倉，1984）。

　それでは、怒りを経験した人はどのような反応を示すのでしょうか。アヴェリル（Averill, 1982）によると、怒りに伴う反応は、大きく２種類に分けられます。表出的反応と道具的反応です。表出的反応は、顔が赤くなる、声が震える、イライラする、などの生理的兆候です。他方の道具的反応は、所属文化や

社会等に応じて構成され、直接的攻撃行動群（言語的攻撃・利益停止・身体的攻撃）、間接的攻撃行動群（告げ口をする・相手の大事なものを攻撃する）、攻撃転化行動群（人に対して八つ当たりをする・物に対して八つ当たりをする）、非攻撃行動群（相手と冷静に話し合う・怒りと反対の表現をする・第三者と相談する）といった4群11種類の反応から構成されています。

（1）怒りを表出する対象

人は、どのような相手に対して、怒りを表出しやすいのでしょう。怒りは、家族に対して、より感情的に示されやすく、好きな知人に対しては表出が抑制されやすいといわれています（木野, 2003）。その理由の1つは、家族との関係が、血縁による、'切っても切れない' 間柄であるため、怒りを強く表しても、簡単には関係は崩壊しない、と確信しているからと考えることができます。山岸（1997）のいう「安心」が背後にあり、関係が崩れにくいという安心感があるからこそ、怒りをあらわにしやすいという側面があるのかもしれません。そのほか、感情表出の対象についての研究から、日本人は米国人と比べて、目上の人よりも目下の人に対しての怒り表出が許容されやすく、逆に目上の人に対する怒りの表出が強く制限されていることなどがわかってきています（工藤・マツモト, 1996）。

（2）怒りの表出にみられる文化の違い

怒りの生起によって起こる生理的な変化や、基本的な内的経験には文化差が少ないのに対して、表出や対処スタイルといった、行動の側面については、文化的な価値観の影響を受けやすいという特徴があります。たとえば、米国の子どもは日本の子どもより、怒りを容易に表に出し攻撃的行動も多いといわれています。また、アーガイルら（Argyle et al., 1986）によると、日本人は英国人よりも、他者に対する怒り表出が抑制されやすいこと、また自己主張より自己制御が重視され、子どもの発達もその方向に導かれやすいという特徴があります（柏木, 1988）。

日本人が、欧米人等に比べて怒りの表出を抑制するといわれている点について、木野（2000）は、怒りを喚起させた人に対する怒り表出行動を明らかにしました。具体的には、感情的攻撃（感情的に怒りをぶつけたり、その相手を非難したりする）、嫌味（嫌味や皮肉を言う）、表情・口調（直接言葉で責めるようなことはしないが、非言語的な部分では怒りを示す）、無視（相手に対して反応しない）、遠回し（自分が怒っていることを遠回しにさりげなく伝える）、理由を聞く、理性的説得をする（感情的にはならず、相手の言動の非を冷静かつ理性的に説明する）、いつも通り（いつもと変わらない態度で接する）の7種類の怒り表出行動がみられました。そのなかでも、日本人に特有で、頻度も高い反応は、遠回しに言ったり、表情・口調で伝えたり、いつも通りにふるまったりといった反応でした。ここでみられた、自分が怒っていてもそれをさりげなく遠回しに言うような婉曲性・あいまい性は、日本社会や日本的な対人行動の特徴であり、日本の文化に独自のものと考えることができそうです。

　それでは、なぜこのように怒りの表出・抑制の仕方に文化差が見られるのでしょうか。理由の1つとして、米国では、みずからの意見を主張しはっきりと自分の意見を述べることが望ましいとされるのに対して、日本では、協調が重んじられ、和を乱すような言動は望ましくないととらえられることが多い、という点があげられます。**相互独立的自己観**や**相互協調的自己観**といった自己観も無関係ではないでしょう（相互独立的自己観と相互協調的自己観については、コラムを参照）。米国の心理学者のエクマンとフリーセン（Ekman & Friesen, 1969）の**文化的表示規則**（cultural display rules）も理由にあげられます。文化的表示規則とは、感情の表出が文化的、社会的な価値基準と照らし合わせてふさわしいかどうかをもとにしてつくった、その文化に特有のルールです。感情表出における社会的な習慣は文化によって違いがみられ、子どもは社会化のプロセスで、感情表出をどのように制御するのかを身につけていきます。そして、表示規則の1つにあげられるのが、他者に向けて不快感情を表出するのは避けるべき、というものです。文化的表示規則が、他者に対するネガティブな感情表出に及ぼすメカニズムについては、今後、詳しく調べられることが求められています。

（3）怒りの表出にみられる男女差

　悲しみや涙を流すといった感情の表出は、一般に女性にみられやすいといわれますが、怒りにおいてはどうでしょう。この点については、攻撃行動に男女差がみられる一方で、内的な喚起としての怒り感情での差はあまりないとされています。怒りの表出の仕方については、たとえば、井上（2000）が、日本の女性が、男性よりも怒り表出を抑制する傾向が高いことを見出しています。攻撃行動についても、質的な差異の方が重要だとする見方があります。たとえば、男性は女性よりも身体的攻撃（苦痛や身体的損傷を生む攻撃）が多く、女性は男性にくらべて関係性攻撃（心理的あるいは社会的損害を生む攻撃）が優勢といいます（Eagly & Steffen, 1986）。男性と女性にみられる違いがどのようなところからくるのかについては、今後さらなる研究がのぞまれています。

2. ≫　怒りの鎮静化に向けて

（1）怒りの鎮静化のプロセス

　怒りを感じてからの経過によって、どのように怒りが鎮まっていくのかは、その経過にあわせて大きく3つの段階に分けることが可能です（日比野・湯川, 2004）。怒りの鎮静化のプロセスの第1段階（怒り直後の時期）は、強い怒りを感じ、怒りを強める考えをしてしまう状態です。直接怒りを感じた相手にとどまらず、関係のない他者や物に対しても自分の気持ちや考えをぶつけ、怒りを感じたり落ち込んだりします。第2段階（怒りなどが和らぎつつある段階）では、冷静に怒りや悲しみを感じた経験を考えることが増えます。行動としても、怒りを感じた相手への攻撃・物への八つ当たりがなくなり、主に第三者に自分の経験を相談したり、話したりするようになっていきます。第3段階（さらに時間が経過し、感じていた怒りがかなり鎮まっている段階）では、自分の経験を客観的に考えることだけでなく、すでに経験自体を過去のこと、解決したことと考えるようになっていきます。その段階の期間は、その時の状況や怒りの強さによって、影響を受けるでしょう。

そして、こうした怒りの鎮静化プロセスをふまえて、その段階に応じた対応の仕方を工夫することができそうです。たとえば、第1段階では、強い怒りの感情をおぼえ、その勢いにまかせて攻撃行動を行いやすいため、怒り感情から、いったん注意をそらす方法が有効です。たとえば、買い物やスポーツ、読書や音楽鑑賞など別のことに集中することで、怒りを和らげていくことができるでしょう。第2段階は、怒り感情のきっかけである出来事などをどのように考えるか、そのとらえ方が重要で、怒りを強める考え方をすることで、攻撃行動も起こりやすくなっていきます。怒り経験を冷静に受け止め、客観的に第三者の立場で考えたり、認知的な評価をし直したりすることによって、攻撃行動が抑制されやすくなるでしょう。このように、怒り感情を経験した人がどのような段階にいるのかによって、効果的な方法も違ってくると考えられ、心理臨床的な援助への応用も期待されています。

（2）怒りの制御（コントロール）に向けて

　それでは、怒りをまったく我慢せず、表に出すとどうなるのでしょうか。怒りを我慢せずに表出することと、過剰な心臓血管系の賦活とが関連することがわかってきています（井澤ら，2003）。社会的にも、怒りを一切我慢せず、感情にまかせて他者に表現してしまった場合、対人関係を悪化させてしまうことが少なくありません（木野，2000）。対人関係が悪化することによって、そのように怒りを表した人自身の心理的健康が損なわれてしまう、という悪循環が起こることは誰でも容易に想像できるでしょう。

　怒りを強くぶつけることで対人関係が悪化した場合、それぞれ、その人なりの方法・工夫で、関係を修復することになると予想されます。その関係修復の仕方やその効果の出方については、相手との関係性によっても異なる結果が出ると考えられます。相手が家族であった場合や同性の友人の場合、異性の友人の場合といったように、相手との関係性も考慮した形で研究を行っていくとよいかもしれません。

　次に、怒りをまったく表に出さないとどうなるか、考えてみましょう。怒り

をただ単に抑制することは、身体的にも社会的にもよいとはいえません。たとえば、怒りを抑制する（表出しない）ことが高血圧などの心疾患の危険因子になることも指摘されています。社会的には、他者からの不当な扱いや搾取に対して怒りを見せないと、そうした不利益を被り続けかねないというリスクが十分に考えられます。例としてあげたＥくんについても、アルバイトで不当な扱いを受けたにもかかわらず、もし何も行動を起こさなければ、不当な扱いを受け続けることになるかもしれません。繁桝・池田（2003）は、否定的な内容の言語抑制（その人とぶつかるくらいなら言いたいことがあっても言わない）を受けているという推測が、受け手の対人関係における不満を高める可能性があることを示しています。言い換えると、怒りを感じているのに、それをまったく表に出さないことがむしろマイナスに作用してしまうこともあるのです。怒りの制御といった際には、すべて抑制すればよいという単純なものではなく、身体的にも社会的にも適切な形で、いかに怒りの感情を処理するか、という問題ととらえ直す必要があると考えられます。

（3）怒り制御（コントロール）における２つの目標

　怒りの制御（コントロール）では、２つのことが目指されます（湯川, 2008）。制御（コントロール）の１つめの目標は、怒りの感情がそのまま表に出る（攻撃として行動化する）ことを防ぎ、社会的な規範やルールに沿った形で適切に怒りの感情を表現する（怒っていることを伝える）ことです。外的なコントロールと呼ばれています。２つめの目標は、怒り感情に向けられた内的なコントロールを指し、生じた怒りそのものを自分のなかでどう収めるのか（怒りの経験を自分のなかでどう整理するか）です（湯川, 2008）。

　認知行動療法的なアプローチは、有効な方法の１つとしてあげられるでしょう。たとえば、リラクセーションでは、怒り喚起によって生じる動揺や覚醒を鎮めることを目標とします。生理的覚醒が生じ、それが長く続くことは、心身の健康にも良くありません。覚醒が上昇すると脳はさらに興奮し、冷静な判断力が失われ、怒り気分の増大につながってしまいます。こういった悪循環を断

つためにリラクセーションが有効とされるようになってきました。たとえば、呼吸のコントロールがあげられます。不安や緊張の強い時、呼吸が浅く不規則になりやすいことから考え出された方法です。イメージ法も、リラクセーションに有効です。気持ちが楽になるような静かな情景を視覚的にイメージします。視覚以外に、匂いや音、手触りなども入ってくると、リラックス力がより高まります。そのほか、漸進的筋弛緩法をあげることができます。身体の主な筋肉群を交互に緊張させたり弛緩させたりする方法です。頭から足へ、あるいは足から頭へと順番に、身体の各部位の筋肉を緊張・弛緩させていきます。それぞれの筋肉を5秒ほど緊張させ、10秒から15秒程度弛緩させます。こうした方法は、心理的にも、身体的にも、深いリラクセーションにつながります。

　内的なコントロールの方法としては、マイケンバウムとグッドマン（Meichenbaum & Goodman, 1971）が開発した、**自己教示訓練**（self-instructional training）があります。自己教示（self-instruction）とは、心のなかで、あるいは声に出して、自分自身に言葉を言いきかせます。みずからの言葉で自分自身に教示を与えることによって、感情や行動上の問題の改善を目指す体系的な訓練をいいます。手順を、次の表のようにまとめました。認知行動的アプローチでは、さらに、ソーシャルスキルトレーニングがあげられます。ソーシャルスキルとは、人と接する場面において、適切に反応し、自分の目的を効果的に達するために用いられる言語的・非言語的な対人行動を指します。ソーシャルスキルトレーニングは、さまざまな疾患を対象に実施され、怒りへの応用も進んできています。ソーシャルスキルトレーニングの1つに、**主張性訓練**（assertiveness training）があります。主張性訓練は、主張行動の習得を目指すものです。ここでいう主張

表5-1　自己教示訓練の一般的な手順

1）トレーナーが、みずから声を出して課題をやってみせる（モデルとなる）
2）参加メンバーもトレーナーとともに課題を行う
3）参加メンバーが、1人で課題を行う
4）参加メンバーのみで教示をささやきながら課題を行う
5）音声化するのではなく（声を出さずに唱えながら）課題を行う

第2節　怒りの鎮静化に向けて

性とは、他者の気持ち、意見、立場、権利を尊重しつつ、同じように自分の気持ち、意見、立場、権利を大事にし、それらを、相手にはっきりとかつ上手に表明することを意味します。主張性訓練は、こうした主張を相手にはっきりと表明し、互いが望むような結果を最大限に得られるような言動、ふるまい方を習得することを目指します。自分の気持ちや考え、意見を正しく相手に伝えることができるようになれば、不当に扱われたり、人に利用されたりすることが少なくなり、腹を立てる状況を未然に防ぐことができるようになるでしょう。その際には、怒りをため込んで破壊的な面を自分自身に向けることも少なくなると考えられます。

　さらに、最近注目されているのは、ネガティブな感情体験を筆記で開示するという**筆記開示**の方法です。筆記開示は、もともとトラウマティックな出来事の開示を中心として研究が進められてきましたが、それ以外の文脈でも注目され、近年、怒りなどの感情への応用も進んできています。怒りなどの感情経験を筆記にて開示すると、それに関わる場面・状況に注意が向けられ（注意）、経験に馴れ、経験の認知的再体制化（出来事や経験に対する理解が増し、記憶も再編・統合されて、以前にくらべて評価が変化すること）が促進されます。認知的再体制化によって、感情反応の各システムが調整され、心理的健康や身体的健康が増進すると考えられており、現在も研究が続けられています。

　児童用の教育的介入プログラムとしては、セカンドステップがあげられます。従来は、米国を中心に行われていたもので、共感性や社会的問題解決力、怒り制御の力をつけることを目指したトレーニングです。日本においても、児童相談センターの被虐待経験児童に対するアプローチとしてや、児童養護施設、教育機関等、諸機関で用いられています。フィークス（PHEECS）は、学校場面でのまとまった教育的介入プログラムであり、多動—衝動的、あるいは攻撃的な行動の発生の低減に効果があるとされています。

　また、夫婦などの愛情関係のなかで生じた怒りに対する方法には、カップル療法もその1つとして考えられます。相手に対する見方や態度、信念、考え方が怒りのもとになっているので、心理的支援においては、どのように気持ちを

伝えあうか、どのように前向きなやりとりをしていくか、どのように互いの期待や規範を確認し、それを変えていく方法をどのように身につけていくかが学ばれます。こうした方法を身につけることで、怒りを和らげ、関係改善にもつながっていくことが期待されます。

3. 怒り感情経験のポジティブな側面（適応的側面）とは

　たとえば、あるスポーツクラブに所属する学生が、同じクラブに所属する男子学生から、「お前はやっぱり下手だな」とからかわれたとします。当然、その選手は強い怒りを感じることでしょう。そこで直接報復を考える人もいるかもしれませんが、「見返したい」と奮起して、毎朝誰よりも早起きして練習し、その結果、ワールドカップで活躍するまでになったとしたらどうでしょう。その場合、怒りを感じた経験をバネにして（エネルギーにかえて）努力をし、よい結果につながったと考えることができます。怒りを経験したからこそ、それを見返したいと思い、行動を起こすきっかけやエネルギーが生まれることがあります。こうした、怒りの感情経験にみられるポジティブな側面、経験した人に適応的な行動をもたらす面に目を向けてみましょう。怒りと心身の健康とのかかわりを考える時、この怒りの適応的側面という視点からあらたな見直しをすることができます。たとえば、怒りを不適切に表に出したり、無理に抑えこもうとしたりする対処は、怒りのよい面を生かそうとしていない方法としてとらえ直すことができます。スポーツ選手の例のように、怒りをうまく生かすことができれば、怒りの感情自体はなくなっていきます。逆に、怒りが不健康に持続している状態とは、怒りがその適応的側面を発揮できずにいる状態だと考えられます。ネガティブな事象に注目しがちであった従来の心理学とは異なり、ポジティブな視点からのとらえ直しによってあらたな知見を見出そうとする試みも始まっています。今後は、心理臨床的な援助においても、このような視点を役立てることができると考えられます。

（森脇　愛子）

読者のための図書案内

湯川進太郎（2005）．バイオレンス：攻撃と怒りの臨床社会心理学　北大路書房：攻撃と怒りの基本的な知識について、わかりやすくまとめられています。

ディスカッションポイント

（1）怒りの表出のされ方には、男性と女性での違い、文化差が見出されています。なぜこのような違いが出てくるのかについて、考えてみましょう。

（2）怒りの感情にまかせて攻撃的にふるまってしまった場合、どのような方法、工夫で、関係を修復するとよいでしょうか。考えを出し合ってみましょう。

（3）怒りの感情を経験することは、人にとって適応的な側面もあるのではと考えることができます。自分や周囲の人の経験をふり返り、具体的に考えてみましょう。

【引用文献】

Argyle, M., Henderson, M., Bond, M., Iizuka, Y., & Contarello, A. (1986). Cross-cultural variations in relationship rules. *International Journal of Psychology*, **21**, 287-315.

Averill, J. R. (1982). *Anger and Aggression: An Essay on Emotion*. Springer-Verlag.

Eagly, A. H., & Steffen, V. J. (1986). Gender and aggressive behavior: A meta analytic review of the social psychological literature. *Psychological Bulletin*, **100**, 309-330.

Ekman, P., & Friesen, W. V. (1969). The repertoire of nonverbal behavior: Categories, origins, usage, and coding. *Semiotica*, **1**, 49-98.

Cornelius, R. R. (1996). *The Science of Emotion: Research and tradition in the psychology of emotions*. Prentice-Hall.

日比野桂・湯川進太郎（2004）．怒り経験の鎮静化過程—感情・認知・行動の時系列的変化　心理学研究，**74**，521-530.

井上弥（2000）．感情表出抑制に及ぼす人・場所状況と他者意識の効果　感情心理学研究，**7**，25-31.

井澤修平・依田麻子・児玉晶久・野村忍（2003）．怒り表出・経験と心臓血管系反応の関連について　行動医学研究，**9**，16-22.

柏木恵子（1988）．幼児期における「自己」の発達—行動の自己制御機能を中心に　東京大学出版会

木野和代（2000）．日本人の怒り表出方法とその対人的影響　心理学研究，**70**，494-502.

工藤力・マツモト，D.（1996）．日本人の感情世界—ミステリアスな文化の謎を解く　誠信

書房

Markus, H. R., & Kitayama, S.（1991）. Culture and the Self-Implications for cognition, emotion, and motivation. *Psychological Review*, **98**, 224-253.

Meichenbaum, D., & Goodman, J.（1971）. Training impulsive children to talk to themselves: A mean of developing self-control. *Journal of Abnormal Psychology*, **77**, 115-126.

中島義明・安藤清志・子安増生・坂野雄二・繁桝算男・立花政夫・箱田裕司（編）（2013）. 心理学辞典　有斐閣

Novaco, R. W.（1994a）. Anger as a risk factor for violence among the mentally disordered. In J. Monahan, & H. J. Steadman（Eds.）, *Violence and Mental Disorder: Developments in Risk Assessment*. University of Chicago Press.

Novaco, R. W.（1994b）. Clinical problems of anger and its assessment and regulation through a stress coping skills approach. In W. O'Donohue, & L. Krasner（Eds.）, *Handbook of Psychological Skills Training: Clinical Techniques and Applications*. Allyn & Bacon.

大渕憲一・小倉左知男（1984）．怒りの経験(1)：Averillの質問紙による成人と大学生の調査概況　犯罪心理学研究，**22**，15-35.

繁桝江里・池田謙一（2003）．コミュニケーションにおける否定的フィードバックの抑制対人的効果—"その人とぶつかるくらいなら言いたいことを言わない"ことは何をもたらすか　社会心理学研究，**19**，30-40.

山岸俊男（1998）．信頼の構造—こころと社会の進化ゲーム　東京大学出版会

湯川進太郎（2008）．怒りの心理学—怒りとうまくつきあうための理論と方法　有斐閣

Column 5

【相互独立的自己観と相互協調的自己観】 文化的自己観 (cultural construal of self) とは、文化によってつくられた、人はどのようなものであるかという人間観・心のモデルです。ある地域・グループ内で歴史的につくり出され暗黙のうちに共有されている、人の主体のあり方についての通念をいいます。マーカスとキタヤマ (Markus & Kitayama, 1991) は、欧米における自己観と日本等東アジアの自己観について、それぞれの文化的自己観には違いがあるのではと考えました。

欧米社会で多くみられるのは、相互独立的自己観 (independent construal of self) です。相互独立的自己観では、自己は、他者やまわりのものごととは区別され独立した存在なのだという信念が根底にあります。自分が何者であるかという自己定義は、「無口な私」、といったものや「ヴァイオリンの得意な私」といった具合に、自分の能力や才能や性格など、周囲の人々や状況からは独立の内的属性に基づいて行われます。一方、日本を含む東アジア社会で共有されている自己観は、相互協調的自己観 (interdependent construal of self) と考えられます。相互協調的自己観における自己とは、他の人やまわりのものごととの関係性があってこそはじめて存在する、本質的に関係志向的な存在だととらえられます。そこでの自己定義は、「○■会社△×部に所属する私」であったり、「友人の前では無口な私」といった具合に、その人が関わる人間関係そのもの、あるいはその関係性のなかではじめて意味づけられる自分の属性によって行われます。

マーカスとキタヤマ (Markus & Kitayama, 1991) によると、相互独立的自己観を有しており、自己を、他者から独立した存在として理解している場合、自己主張を積極的に行う必要があります。相互独立的自己観におけるコミュニケーションでは、各自が個性的でユニークな存在であり、特有のニーズをもつことを前提としているので、互いのニーズを積極的に主張し合うスタイルがとられます。正確なコミュニケーションをしないと互いのニーズが明らかになりませんし、直接的で明確なコミュニケーションを行うことが多くなるのです。

一方、相互協調的自己観を有する人は、家族や親友など親密な人々を自分のアイデンティティの一部とします。そういった人たちの悩みや喜びはみずからの悩

みと喜びともなり、共感することができます。綿密にコミュニケーションを行わなくても互いの理解が進む（あるいは、そうであると考える）傾向があります。互いに親近感と共感性をもち、相手のニーズに対しても敏感です。葛藤を避け、意見の不一致があったとしても、そのことを直接的に表明するのではなく、遠回しに示唆するようなコミュニケーション・スタイルになりやすいです。そして、そのようなあいまいなコミュニケーションをとりながら、互いに、相手のニーズや言いたいことを、一生懸命考えようとするのです。相互協調的自己観をもつ人のコミュニケーションは、他者志向性によって特徴づけられているといえそうです。

相互協調的な自己観を有する場合、まわりの人々を注視し、公的自己意識（公に向けての自分を意識すること）が強い傾向がみられます。公的自己意識が高いことにより、他者の前で自己がどのように映っているのかをモニターすることも多くなり、周囲の人々に合わせた自己呈示をすることも少なくありません。一方、相互独立的自己観に基づく場合、私的自己意識がより強く、自分の感情や欲求に注意を払う傾向がみられます。

しかし、ここで、注意しなくてはならないのは、自己観は、絶対的なものではなく、それぞれの国や文化圏内でも個人差があるという点です。たとえば、欧米においても、相互協調的自己観を有する人がいるでしょうし、日本のようなアジア圏においても、相互独立的自己観を有する人がいて、それぞれの行動・態度にも影響を及ぼしているでしょう。

また、相互独立的および相互協調的である程度は一次元的ではなく、それぞれ独立した軸として考えることもできると、近年いわれています。同じ個人のなかで、相互独立的な面と相互協調的な面があり、相手との関係性や状況によってその強さが変化し、行動や態度が変化しうるというものです。発達的な変化、という点からも自己観は、固定的で非可逆的な性格特性ではなく、同じ個人内での発達過程で変化する可能性があると考えられます。

（森脇　愛子）

Markus, H. R., & Kitayama, S. (1991). Culture and the self-implications for cognition, emotion, and motivation. Psychological Review, 98, 224-253.

第Ⅱ部 対他者関係（個人間関係）と心の健康

Chapter 6 ソーシャルサポートと心の健康

　Cさんは最近、恋人のNくんに対して不満をもっています。Nくんは、正義感が強く、どんなことでもいつも一生懸命力になろうとする人です。Cさんは、Nくんの助言のおかげで何度も助けられたので、Nくんを頼もしい存在だと思っています。しかし、NくんはCさんがとくに困っていない時でもあれこれと口を出してきたり、的外れな提案をしたりするので、相談したことを後悔する時もあります。

　先日CさんはバイトでミスをしてΣんでいました。Nくんは真剣にCさんの話を聞いた後、いつものようにCさんの問題点や改善策を指摘し、ミスを減らすための仕事の仕方をあれこれとアドバイスしました。しかし、Cさんは落ち込んで自分に自信を失くしていたので、問題点を指摘されると余計につらい気持ちになりました。CさんはNくんからの温かい言葉や共感を期待したのですが、Nくんは自分が正しいと思う問題解決の方法を伝えることがCさんのためだと信じているようで、「同情やなぐさめでは、問題は解決しないじゃないか。」と言って共感してくれません。Nくんはいつもこんな調子なので、Cさんは不満や苛立ちを感じてしまうのです。

1. ≫ ソーシャルサポートとは

　人は日常生活で家族や友人等、まわりの人々と支えあって生きています。このような支えあいや支持的な対人関係は、ソーシャルサポートとしてこれまで広く研究され、私たちの心身の健康と関連することが示されてきました。本章では、人と人との支えあいのもつ意味や限界点について、ソーシャル・サポート研究からみていきます。

(1) ソーシャルサポート研究のはじまり

人と人との支えあいの重要性について、精神医学者のキャプラン（Caplan, G.）はこう述べました。「重要な他者は、人がみずからの心理的な資源を動員して、情緒的な負担を乗り越える助けとなる。重要な他者は、一緒になって問題に取り組んでくれたり、お金や物や道具や技術を提供してくれたり、どのように考えればよいかアドバイスしてくれたりする。それらは、その人が状況に対してうまく対処できるようにするのに役立つのである」(Caplan, 1974)

キャプランは、私たちがさまざまな危機を乗り越えて健康でいられるには、家族・友人・近隣の人といった非専門家から得られるさまざまな援助が重要な役割を果たしていることを主張し、この社会的結びつき（つながり）のパターンを「ソーシャル・サポート・システム」と呼びました。

その後、バークマンとサイム（1979）は、婚姻状態や家族・友人との接触頻度、社会的活動への参加といった対人関係の構造と9年後の死亡率との関連を調査し、社会的関係を多くもつ人ほど死亡率が低いことを示しました。この結果は、年齢や病気などの要因を統制しても変わらない結果でした。その後多くの研究からも，対人関係と後の死亡率や健康との関連が確認され、周囲の人とのつながりを多くもつ人ほど健康であることが示されるようになりました。対人関係がもたらす心身の健康への影響について、現在では疫学、社会学、社会心理学、精神医学などのさまざまな分野で学際的に研究されています。

(2) ソーシャルサポートの定義

ソーシャルサポートとは具体的にどのようなものを指すのでしょうか。ソーシャルサポートの概念については、いまだ一致した定義はありません。経験的に考えられるのは、「特定個人が、特定時点で、彼／彼女と関係を有している他者から得ている、有形／無形の諸種の援助（南・稲葉・浦, 1988）」ですが、その他にも多くの研究者によってさまざまに定義されています。近年では、概念上の混乱を避けるため、サポートそれ自体の定義への明言を避け、対人関係と人の心身の健康との関連を扱うさまざまな研究をソーシャルサポート研究と総

表6-1 ソーシャルサポートの内容例（久田ら，1989の学生用ソーシャル・サポート尺度より）

あなたが落ち込んでいると、元気づけてくれる
あなたが失恋したと知ったら、心から同情してくれる
あなたに何か、うれしいことが起きたとき、それを我が事のように喜んでくれる
あなたがどうにもならない状況に陥っても、なんとかしてくれる
あなたがする話にはいつもたいてい興味をもって耳を傾けてくれる
あなたが大切な試験に失敗したと知ったら、一生懸命なぐさめてくれる
あなたが元気がないと、すぐ気遣ってくれる
あなたが不満をぶちまけたいときは、はけ口になってくれる
あなたがミスをしても、そっとカバーしてくれる
あなたが何かを成し遂げたとき、心からおめでとうと言ってくれる
一人では終わらせられない仕事があった時は、快く手伝ってくれる
日頃からあなたの実力を評価し、認めてくれる
普段からあなたの気持ちをよく理解してくれる
あなたが学校での人間関係で悩んでいると知ったら、いろいろと解決法をアドバイスしてくれる
良いところも悪いところもすべて含めて、あなたの存在を認めてくれる
あなたを心から愛している

称するという見解（浦，1999）もあります。

　ソーシャルサポートの内容の区別についても研究者によって違いがみられますが、大別すると、問題の解決に寄与する道具的（手段的）サポートと、心理的な負担を和らげる情緒的（表出的）サポートに区別されます。道具的サポートには、一緒に問題を解決する、世話をする、手伝う、道具を準備する、金銭を貸す、といった具体的問題解決のために直接的な援助を提供するものや、情報やアドバイスの提供といった間接的に問題解決につながるサポートが含まれます。情緒的サポートには、励まし、愛情など、情緒的な側面への働きかけと、行動や業績の評価やフィードバックのような認知的な側面への働きかけが含まれます。本邦でよく用いられているサポート内容の例としては、表6-1に示すようなものがあげられます。

（3）サポートの測定区分について

　サポートの測定の指標には、大別して①構造的指標と②機能的指標がありま

す。①構造的指標とは、特定の対人関係の存在（婚姻など）や、対人関係の構造（対人関係の数、大きさ、密度）を指標とするものです。対人関係が多いということは、すなわちそこから得られるサポートが多いということを示唆しているのです。構造的指標は、私たちの長期的な健康状態との関連が示されてきましたが（e.g., Berkman & Syme, 1979）、これらの指標からわかることはあくまでその人がもつ対人関係の大小であり、具体的にその関係のなかでどのようなサポートが行われているのかがわかりません。つまり、個人にサポートがどう働き健康と関連しているのかというサポートの機能やメカニズムが不明瞭であるという問題があります。近年は、特定のサポートを提供してくれる人（例：落ち込んでいる時に元気づけてくれる人、悩んでいる時相談に乗ってくれる人、等）の存在や人数を問うことでその人の「サポート・ネットワーク」の構造や大きさが測定されています。

　その他、サポートが果たす健康への機能やメカニズムを検討するために多く用いられる指標に、②機能的指標である「知覚されたサポート」と「実行されたサポート」があります。

（4）知覚されたサポートと実行されたサポート

　知覚されたサポート（perceived support）とは、「必要なら○○してくれる」という、サポートの入手（利用）可能性を指します。知覚されたサポートは、実際に他者から「得た」サポートではなく、個人の認知内で「得られるだろう」と予測・期待されるサポートのため、認知的サポートや期待されたサポート（サポート期待）と呼ばれることもあります。知覚されたサポートは、「必要な時に○○してくれる」という予測（期待）の程度で測定されます。つまり、「いざという時にサポートが得られる」という予測が大きいほど、状況に対する見方や自身についての見方が肯定的になるため、心理的に良い効果があるというわけです。サポート研究では、知覚されたサポートで測定された研究がもっとも多く、心身の健康との関連が多く示されています。表6-1の学生用ソーシャル・サポート尺度は、知覚されたサポートを測定するもので、5つのサポート源（父

親、母親、きょうだい、今通っている学校の先生、友だち）について、各項目のことがらが期待できる強さをそれぞれ4段階（「きっとそうだ」「たぶんそうだ」「たぶん違う」「絶対違う」）で評定します。

　一方で、**実行されたサポート**（enacted support; received support; provided support）とは、実際に他者から行われたサポートのことです。実行されたサポートは、「○○してくれた」というふうに、その一定期間に他者から受けたサポート経験をサポートの受け手に問うことで測定されます。実行されたサポートは、具体的にどのような内容のサポートがあり、心身の健康に影響するのかを明らかにするために用いられます。しかし、注意したいのは、実行されたサポートは受け手が回答するサポート経験のため、あくまで受け手に「サポートとして認知された行動」が測定され、実際に他者が援助した量とは一致しないことがあります。もし送り手がたくさんのサポートをしていても、受け手がそれに気がつかない場合には、実行されたサポートは実際に他者が行ったよりも少なくなるでしょう。したがって、実行されたサポートの多くは、受け手が他者から受容した（と認識している）サポートの量を測定したものです。

　多くのサポート研究ではこれらの各指標を測定する尺度を用いて、健康との関連が研究されています。しかし、これらの指標はすべて受け手の認知を介した指標であるため、個人のパーソナリティや認知傾向などの影響を受ける場合もあります。このような限界もあることから、効果的なサポート提供のための知見を得るために、サポートの送り手が実際に行ったサポート行動を測定する研究や、実験等で実際にサポート行動を操作して影響を検討する研究もあります。

2. ソーシャルサポートの効果に関するモデル

　なぜ、サポートがあると人々は健康でいられるのでしょうか。これまで、サポートが人々の健康状態に働くメカニズムは、ストレスの問題と密接に関連して述べられています。

（1）ストレス緩衝効果、直接効果

　サポートは人々がストレスフルな出来事（ストレッサー）を経験した際、ストレッサーの影響を緩和するはたらきがあります（Cohen & Wills, 1985）。私たちは、なんらかの問題（ストレッサー）が生じた場合、その問題がどの程度脅威であるかという評価を行います。この時、周囲の人々から必要なサポートが得られるという認識（知覚されたサポート）があれば、自分が直面している問題（ストレッサー）を脅威の大きい出来事（自分にとって多大な努力を必要とするもの）と評価しなくて済みます。したがって、サポートがあるほどストレッサーの脅威が小さくなるのです。もし、ストレッサーが自分にとって脅威が大きく、なんらかの対処が必要であると判断された場合でも、周囲からのサポート（実行されたサポート）があればその問題に対処しやすくなります。たとえば問題解決を手伝ってもらう、気持ちを励ましてもらうなどすれば、自分ひとりの力でその問題に立ち向かうよりも解決がより促進されるでしょう。このようなストレス過程におけるサポートの効果は、**ストレス緩衝効果**（stress-buffering effect）と呼ばれています（図6-1）。

　一方で、ストレッサーの有無にかかわらず、普段からサポートが多いほど私たちの健康に有益な効果がもたらされるという**直接効果**（direct effect）ないし主効果（main effect）も指摘されています（図6-2）。たとえば、キャプラン（1974）は、サポートやサポートが得られる持続的な対人関係があることで人の基本的

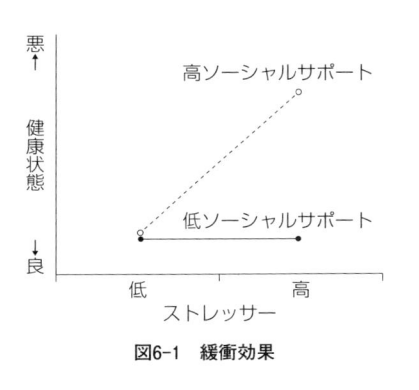

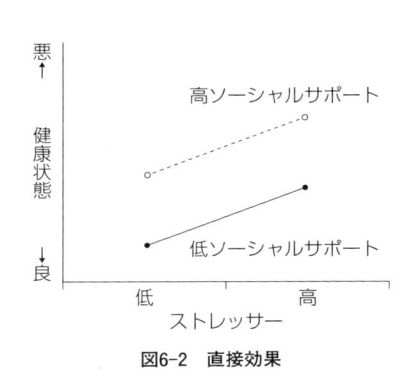

図6-1　緩衝効果

図6-2　直接効果

な欲求(たとえば、他者と温かい対人関係を築きたいといった親和欲求など)が満たされることを指摘しています。その他、サポートがアイデンティティと所属の感覚をもたらし、自尊心や統制感を高めるという指摘もあります。したがって、サポートやサポートを得られる対人関係があるほど、親和欲求が満たされ、自己評価が肯定的になり、日々健康的に過ごせると考えられています。

(2) マッチングモデル

　ストレス緩衝効果にしろ、直接効果にしろ、基本的に個人のなんらかのニーズを満たすサポートがあれば効果があるというマッチング(適合性)の論理を内包しているといえます。ストレス緩衝効果は、ストレッサーによって生じた対処へのニーズが満たされることで生じると考えられます。一方直接効果は、自尊心や自己の存在意義を見出したいという人間の基本的なニーズが満たされることで生じると考えられます。その時直面しているストレッサーの種類によっても、当然必要とされるサポートは異なります。たとえば、多額のお金が必要な時や、人手不足で大変な時、励ましなどの情緒的サポートがあっても、必要なもの(お金や人手)が満たされないため、受け手の問題は解決せずストレスは緩衝されないでしょう。したがって、ストレッサーで生じた必要性に適合した種類のサポートがあることで、問題にうまく対処でき、ストレスが緩衝されると考えられています。この効果はサポートの**マッチングモデル**と呼ばれています。

　マッチングモデルに基づき、どのようなストレス場面でどのようなサポートが有効であるのかについて、多くの検証が行われていますが、ストレッサーの種類とサポートの種類のマッチングには、受け手の性別や属性、送り手の要因などの組み合わせによって効果が異なるなど複雑な結果がみられています。サポートの効果は受け手や送り手、状況等さまざまな要因によって多様性をもつようです。

(3) 文脈モデル

サポートの効果には、期待した水準のサポートが得られることも重要です。稲葉（1992）が提唱した**文脈モデル**からは、サポートが行われた背景にある受け手の期待や規範意識に応じたサポートが得られない場合に、受け手に心理的不満がもたらされることが指摘されています。受け手が抱く期待には、個人的な期待だけでなく、社会的に義務化・制度化された「権利としての期待」があります。たとえば、家族というものは社会的に「助けあう」関係にあるといった社会的規範意識があるため、家族からサポートがなかった場合（自分が病気なのに家族は身のまわりの世話や看病をしてくれなかった等）、「なぜ家族なのにサポートをしてくれないのか」という心理的不満がもたらされるのです。中村・浦（2000）では、大学新入生において、ストレス経験頻度が高い時、旧友（規範的にサポートが期待される関係）から期待したほどサポートが得られないことが、後の精神的健康度や自尊心の低さと関連することが示されました。さらにこの研究からは、サポートへの期待が低い時に多くのサポートを受けた場合にも、後の精神的健康度は低く、自尊心が低いことが示されました。つまり、期待以上のサポートがあることも、受け手の期待した水準に合わないサポートとなり、受け手に否定的な影響があることが示唆されました。したがって、サポートはどんな時でも私たちの健康に有効に働くというわけではなく、期待した水準に合わないサポートはかえって逆効果となる場合もあるようです。有効なサポートのやりとりのためには、このサポートのもつ否定的側面についても理解する必要があるでしょう。

3. ≫ サポートの否定的側面

先にみたように、サポートは受け手にとっていつもありがたいものとは限りません。時には、「助けにならなかった、迷惑だった、嫌な思いをした」と感じることもあるでしょう。冒頭のCさんのケースを見てください。Cさんは恋人のNくんからのサポートに不満を感じています。バイト先でミスをして

落ち込んでいるＣさんに対してＮくんのアドバイスはありがたいものではなく、Ｃさんの心理的苦痛をやわらげるものでなかったのはなぜでしょうか。

まず、サポートのマッチングモデルから解釈することができます。落ち込んでいるＣさんにとって、慰めや温かい言葉といった情緒的サポートが必要だったといえますが、得られたのはアドバイスという道具的サポートでした。つまり、マッチングの不適合によりニーズが満たされず、Ｃさんのストレスが緩衝されなかったといえます。さらに文脈モデルから解釈すると、Ｃさんは親しい間柄であるＮくんに温かい言葉を期待しましたが、それが満たされず不満がもたらされたとも考えられます。

近年、サポートの有効な側面だけでなく、サポートの否定的側面についても研究されています。すでに述べたような期待やニーズに合わないサポートが提供された場合もその１つでしょう。その他、サポートがもたらす否定的な効果のうち、受け手に否定的反応を生じさせる要因から、有効なサポートのために重要な点を考えてみましょう。

（１）自尊心への脅威

サポートを受ける側に起こりうる否定的な反応に**自尊心への脅威**（Nadler & Fisher, 1986）があります。サポートを求めるということは、課題解決能力の不足の証明ともなり、自尊心が脅威にさらされるのです。すでに述べた中村・浦（2000）の研究からも、期待した以上にサポートがあることで自尊心が低下することが示されましたが、困っていない時や自分が求める以上にサポートされた時には、受け手の自尊心が脅威にさらされ、嫌な気持ちになるようです。

たとえば、受け手が「サポートを受けた」とはっきりわかる（可視性の高い）サポートは、かえって受け手の心理的苦痛を高めることが示されています（Bolger & Amarel, 2007）。この実験では、これから他者の前でスピーチを行わなくてはならない実験参加者に対し、サポートの送り手が①直接サポートを行う（スピーチのコツを伝える）条件、②サポート内容（スピーチのコツ）を実験参加者に間接的に伝える形でサポートする条件で、実験参加者の情緒的反応を比較しまし

た。その結果、②よりも①の条件で、心理的苦痛が高いことが示されました。さらに、③何もサポートしない条件を加えて比較すると、③よりも、①の心理的苦痛が高いこともわかりました。つまり、①の条件は、受け手がはっきりと「サポートがあった」とわかるので、受け手は送り手よりも自身の能力を低く評価してしまい、苦痛を感じるようです。さらに、この研究では、送り手が実験参加者にわからないよう間接的にサポートし、かつ送り手の方が実験参加者よりも無力であるように見えるサポート提供の仕方をする条件でもっとも受け手の心理的苦痛が低いことが示されました。したがって、受け手に否定的反応を生じさせずにサポート提供をするには、受け手の自尊心を尊重し、態度や言い方を工夫するなどの配慮が必要です。

（2）サポートの互恵バランス

サポートによる否定的反応には、サポートの入手と提供の**互恵性**（reciprocity）も関連しています。私たちは周囲の人とのあいだでサポートを入手するだけでなく、サポートを行う提供者でもあります。このサポートの入手と提供の互恵バランスが保たれることが望ましい状態であり、入手と提供の互恵バランスが崩れるとさまざまなネガティブ感情が生じることが示されています。他者に提供するサポートより入手するサポートが多い時（過大利得）には、罪悪感、恥ずかしさ、申し訳なさなどの心理的負債感を感じてしまいます。私たちには互恵性規範（何かしてもらったら、自分も何かしてあげる）があるため、サポートを受けるのみだと、返報への義務感から「借りを作った」ような状態になり、心苦しさを感じてしまうのです。一方で、他者から入手するサポートよりも提供するサポートが多い時（過小利得）では、私たちは不公平感、憤慨感、不満などの負担感を感じます。このような互恵バランスの不均衡によるネガティブな感情は、心身の健康にもさまざまな悪影響をもたらすことが示されています（e.g., Buunk, Doosje, Jans, & Hopstaken, 1993）。たとえば,高齢者は、身体機能の低下により、サポートを与えるよりも入手することの方が多くなるため、自尊心の低下や怒りなどの心理的苦痛と関連することが示されています（e.g. Stoller,

1985)。さらに、青年においても、互恵バランスの崩れが、ネガティブな感情と関連することが示されています。福岡（1999）は、大学生において、友人とのあいだでのサポートの入手可能性（どのくらい得られると思うか）／提供可能性（どのくらい提供できると思うか）のバランス、過去1ヵ月間の実行されたサポートの入手量／提供量のバランスを測定し、感情状態との関連を調べました。その結果、互恵的である「入手≒提供」群の満足感がもっとも高く、過小利得にあたる「入手＜提供」群では負担感・苛立ちが高く、過剰利得にあたる「入手＞提供」群では心理的負債感が高いことが示されました。さらにこの互恵バランスとネガティブな感情の関連は、実行されたサポートの入手量／提供量のズレにおいては一貫しておらず、サポートの入手可能性／提供可能性のズレにおいて顕著でした。したがって、私たちが普段サポートをやりとりする他者とのあいだで、サポートの入手可能性と提供可能性のバランスを保つことが、他者とのあいだでの満足できるサポートのやりとりに重要だと考えられます。

（3）その他の要因

　同じサポートでも、どのような援助者がそれを行うかによって、受け手の反応は異なります。味方や受け手にとって好ましい特徴をもった援助者からのサポートは支持的で肯定的な効果をもたらすとされる一方で、敵や否定的な特徴をもった援助者からのサポートは脅威的であり、ネガティブな効果を引き出すことが指摘されています。菅沼・浦（1997）では、実験参加者がある課題に取り組む際に、友人から課題遂行のための提案（道具的サポート）が行われました。この時、有能で高い動機づけをもつ友人からの提案は、実験参加者の課題遂行を促進し、十分な有能性や動機づけをもたない友人からの提案は実験参加者に状態不安や心理的な反発を生じさせました。援助者に、サポートを提供するにふさわしい人であるかという「正当性」があるかどうかで、サポートの効果が異なると考えられています。

　このように、サポートが受け手にとってどのように働くかについては、やりとりされる二者のそれぞれの特徴に応じて、同じサポート内容が交わされたと

してもその効果には多様性がみられるといえるかもしれません。したがって、サポートのやりとりにおいては、受け手となる人物の特徴をふまえ、受け手が求めるサポートや、必要とされるサポートを行うことが重要です。また、送り手は受け手にネガティブに受け取られないような提供の仕方などを工夫することが求められるでしょう。

　最後に、サポートの効果には、受け手と送り手の要因だけでなく、その時のストレス状況が関わっていることも考慮しなくてはいけません。直面したストレッサーがあまりにも大きい場合には、サポートの効果がみられないこともあります（浦，1992）。

4. まとめ

　以上のように、ソーシャルサポート研究から、私たちが日常的に関わる家族や友人などの重要他者との支えあいの大切さやありがたみがあらためて示唆されます。同時に、サポートのもつ否定的側面から、人を支えることの難しさや限界も示唆されます。私たち一人ひとりが、受け手、提供者の両方の立場から、サポートの肯定的／否定的側面について理解し、サポートがもたらす否定的な反応を減らすような工夫や働きかけを行うことが、良好なサポートのやりとりに重要です。

（亀山　晶子）

読者のための図書案内

浦光博（1992）．支えあう人と人　サイエンス社：ソーシャルサポート研究のはじまりから問題点まで、読みやすく解説してあります。

谷口弘一・福岡欣治（編著）（2006）．対人関係と適応の心理学　ストレス対処の理論と実践　北大路書房：ソーシャルサポートの理論から実践への応用についてもわかりやすく述べられています。

高木修（監）・西川正之（編）（2000）．援助とサポートの社会心理学―助け合う人間のここ

ろと行動　シリーズ「21世紀の社会心理学」4巻　北大路書房：学校・近隣社会・災害時など、場面ごとのソーシャルサポートについて、詳しく述べられています。

ディスカッションポイント

(1) あなたの身近な他者と、あなたの心理的健康の関連について、これまでの経験をふり返り、サポートの効果に関する各モデルから考えてみましょう。
(2) あなたがこれまで、有効でないサポートをされた経験、あるいは自分がしたサポートが逆効果となった経験をふり返り、なぜそのサポートが有効でなかったのか、その理由をサポートの否定的側面に関する要因にあてはめて考えてみましょう。
(3) あなたが普段周囲の人々とのあいだで不適切なサポートを減らし、効果的にサポートをやりとりするために、どのようなことを実践していけばよいでしょうか。受け手、援助者それぞれの観点から考えてください。

【引用文献】

Berkman, L. F. & Syme, S. L. (1979). Social networks, host resistance, and mortality: A nine-year follow-up study of Alameda County residents. *American Journal of Epidemiology*, **109**, 186-204.

Bolger, N., & Amarel, D. (2007). Effect of social support visibility on adjustment to stress: Experimental evidence. *Journal of Personality and Social Psychology*, **92**, 458-475.

Buunk, B. P., Doosje, B. J., Jans, L. G. J. M., & Hopstaken, L. E. M. (1993). Perceived reciprocity, social support, and stress at work: The role of exchange and communal orientation. *Journal of Personality and Social Psychology*, **65**, 801-811.

Caplan, G. (1974). *Support systems and community mental health*. New York: Behavioral Publications.

Cohen, S. & Wills., T. A. (1985). Stress, social support, and buffering hypothesis. *Psychological Bulletin*, **98**, 310-357.

福岡欣治 (1999). 友人関係におけるソーシャル・サポートの入手―提供の互恵性と感情状態―知覚されたサポートと実際のサポート授受の観点から―　静岡県立大学短期大学部研究紀要第13-1, 57-70.

久田満・千田茂博・箕口雅博 (1989). 学生用ソーシャル・サポート尺度作成の試み(1)　日本社会心理学会第30回大会発表論文集, 143-144.

稲葉昭英 (1992). ソーシャル・サポート研究の展開と問題　家族研究年報, **17**, 67-78

南隆男・稲葉昭英・浦光博 (1988).「ソーシャル・サポート」研究の活性化にむけて―若干の資料―哲学　**85**, 151-184.

Nadler, A., & Fisher, J. D. (1986). The role of threat to self-esteem and perceived control in recipient reaction to help: Theory development and empirical validation. In L. Berkowitz (Ed.), *Advances in experimental social psychology*, **19**. pp. 81-121.

中村佳子・浦光博 (2000). 適応および自尊心に及ぼすサポートの期待と受容の交互作用効果　実験社会心理学研究, **39**, 121-134.

Stoller, E. P. (1985). Exchange patterns in the informal support network of the elderly: The impact of reciprocity on morale. *Journal of Marriage and the Family*, **47**, 335-342.

菅沼崇・浦光博 (1997). 道具的行動と社会情緒的行動がストレス反応と課題遂行に及ぼす効果―リーダーシップとソーシャル・サポートの統合的アプローチ―　実験社会心理学研究, **37**, 138-149.

浦光博 (1999). ソーシャル・サポート　中島義明・安藤清志・子安増生・坂野雄二・繁桝算男・立花政夫・箱田裕司 (編)　心理学辞典　有斐閣　p.541

Chapter 7 ソーシャルスキルと心の健康

　広告会社の会社員Gさんは、取引先の女性会社員と初対面で話をすることになりました。Gさんは、満面の笑みを浮かべ、その場にふさわしい話題を選び、身振り手振りも適切に使いながら、相手との関係が円滑なものになるようふるまいました。相手の会社員の目をしっかり見て話を聴き、うなずき、理解を深めるために質問をしながら、会話を続けていきます。相手の女性会社員は、Gさんの態度から、仕事にとどまらず、今後長く親交を深めていきたいと思いました。

1. ≫ ソーシャルスキル

(1) ソーシャルスキルとは

　Gさんのように、対人場面において相手に適切に反応し、自分の目的を効果的に達するために用いられる言語的、非言語的な対人行動は、総称して、ソーシャルスキル (social skill) と呼ばれています。ソーシャルスキルの「ソーシャル」とは、対人場面でのことがらや人間関係、あるいは個人と個人、個人と集団との相互作用に関わることがらを指す言葉です。また、「スキル」とは、目的を達成するために、個人が身につけようとして、時間をかけて練習した結果、うまく実行できるようになった技術です。したがって、ソーシャルスキルとは、いわば"人づきあいの技術"です（相川, 2000）。このようなソーシャルスキルを有することによって、人は、他者との円滑なやりとりが可能になり、人間関係を成り立たせることができます。

　ソーシャルスキルの構成および過程は、次の4つのプロセスで学習されるとされています (King & Kirschenbaum, 1992)。キングら (King & Kirschenbaum, 1992)

表7-1　ソーシャルスキルの獲得過程　(King & Kirschenbaum, 1992をもとに作成)

①教示	：対象となるソーシャルスキルを言語的教示に従って学習すること
②オペラント条件付け	：ソーシャルスキルを実行した結果、肯定的な結果がもたらされた時に、再度その結果を得ようとしてそのソーシャルスキルの実行をくり返すこと
③モデリング	：他の人が実行して肯定的結果を得たソーシャルスキルを観察することによって、同様のスキルを実行すること
④リハーサル	：学習したソーシャルスキルを定着させるために、学習した知識を反復したり、実際にソーシャルスキルを実行したりすること

をもとにまとめたものが、次の表です。

　このような獲得過程を経て学習されるソーシャルスキルは、訓練の対象となり、**ソーシャルスキルトレーニング**（SST：Social Skills Training）と呼ばれる系統的な学習メカニズムが考案されています。

（2）ソーシャルスキルの不足がもたらすもの

　対人的・社会的場面で、円滑な人間関係の結びつきを可能にするソーシャルスキルは、結果的に人々の精神的健康に寄与することが少なくありません。しかし、発達の過程で、特定のスキルを学習しないままに成長したり、学習が不十分だったり、あるいは不適切なスキルを誤って学習してしまっていることもあります。このような場合には、どのようなことが起こるのでしょうか。

　ソーシャルスキルが不足していると、対人関係に起因するさまざまな心理的問題につながってしまうことがあります。たとえば、ソーシャルスキルが不足している子どもは、他者に対して攻撃的になりやすく（佐藤正二ら，1993）、同年代の仲間からも人気がない（前田・片岡，1993）ことが知られています。学校生活は、知識を習得するだけでなく、心身の成長過程にある者が集い、生活をともにするなかで関係を築き、人格を形成していく場です。ソーシャルスキル不足によって起こる問題は、そのような学校における人格形成にも悪影響を及ぼすと考えられます。成人してからも、ソーシャルスキルが不足している人は、恋愛関係や結婚への満足度が低かったり（Flora & Segrin, 1999）、孤独感が強か

ったりするなどの傾向がみられており、対人不安 (Leary & Kowalski, 1995) や、ストレス反応 (Segrin, 1999) や、うつ病 (Segrin, 2000) などのほか、アルコール依存症 (Miller & Eisler, 1977) や統合失調症 (Libermann, DeRisi, & Muser, 1989) との関連も指摘されています。

　ソーシャルスキル不足は、対人的な場面において、稚拙な対人反応となって表れ、それが、相手からの拒否や反発を招くことにもつながります。相手から拒否や反発をされると、自分や相手、さらに広範囲の対人関係に対する、認知的なゆがみ（過度に否定的な自己評価や他者評価、不信感など）や対人不適応感（孤独感、対人不安感、抑うつ感、怒りなど）を引き起こし、対人関係を極端に回避する、といったことも起こってしまうでしょう。結果として、対人接触がますます減少し、それに伴って、ソーシャルスキルの実践機会はますます少なくなってしまいます。実践する機会の少なくなったソーシャルスキルはますます拙くなり、稚拙な対人反応となり、相手からの拒否や反発を強め、対人関係の不全感は増していく……。このような悪循環は容易に想像することができるでしょう。そして、この悪循環は心理社会的問題となって顕現化し、顕現化した心理社会的問題は、ひるがえって最初の悪循環に拍車をかけます。このような考え方は、ソーシャルスキル不足の二重悪循環モデル (double vicious spiral model) とも呼ばれています。

　心理学的な立場からソーシャルスキルと抑うつ状態の関連を検討したレビンソン (Lewinsohn, 1974) は、抑うつ状態を、社会的環境における正の強化の除去による行動の減退ととらえると同時に、その個人差をソーシャルスキルの程度によって説明しようと試みました。レビンソン (1974) をもとに作成した図が、次の図です。

　図7-1に示されるように、人生でさまざまな困難な出来事に遭遇すれば、その出来事の影響によって、普段の社会的行動によって得られただろう報酬を失うのですが、ソーシャルスキルを備えている人は、社会的行動が強化を受ける機会の減少を食い止めることができるのだと考えられます。

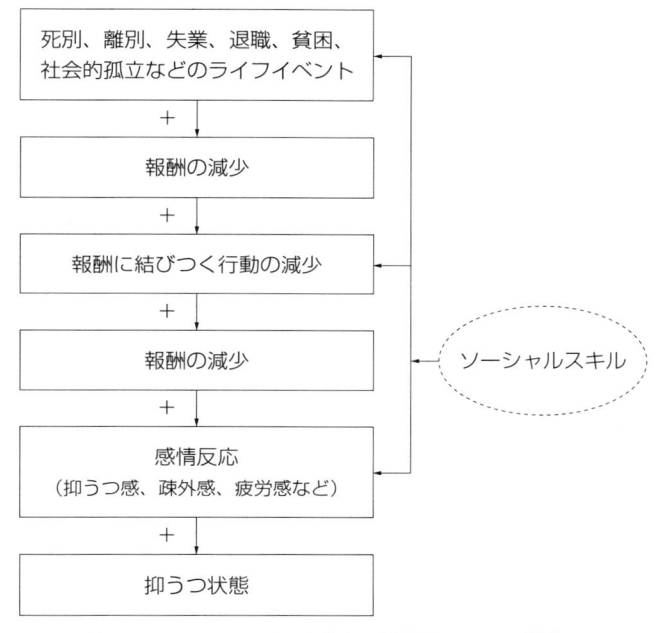

```
┌─────────────────────────────┐
│ 死別、離別、失業、退職、貧困、    │
│ 社会的孤立などのライフイベント  │
└─────────────────────────────┘
             ＋
┌─────────────────────────────┐
│        報酬の減少            │
└─────────────────────────────┘
             ＋
┌─────────────────────────────┐
│   報酬に結びつく行動の減少    │ ←── ソーシャルスキル
└─────────────────────────────┘
             ＋
┌─────────────────────────────┐
│        報酬の減少            │
└─────────────────────────────┘
             ＋
┌─────────────────────────────┐
│        感情反応              │
│ （抑うつ感、疎外感、疲労感など）│
└─────────────────────────────┘
             ＋
┌─────────────────────────────┐
│        抑うつ状態            │
└─────────────────────────────┘
```

図7-1 ソーシャルスキルと抑うつ状態との（予測）関連図

（3）ソーシャルスキルのアセスメント

ソーシャルスキルがどの程度備わっているか等、客観的に調べるためのアセスメント法にはさまざまなものがありますが、「誰が評定するのか」という観点から、他者評定法と自己評定法に分類されます。

①他者評定法

この方法は、他者による評定に基づくものですが、誰によって評定するのかにより、次のように分けられています。

1）仲間評定法：日常的に接触している知り合いや友人などの仲間が対象者を評定する方法です。たとえば、学校現場で用いられるゲスフー・テストです。ある行動特徴を読ませ、これにあてはまる人物を、集団内のメンバーに書いてもらう方法です。仲間からの指名に基づいて、ソーシャルスキルの高さが判断

されます。そのほか、複数の質問項目に対してどの程度あてはまるかを仲間が評定する仲間評定尺度法もあり、しばしば用いられます。

　２）専門家評定法：カウンセラー、教師、医師や看護師、保健師やケースワーカーなどの専門家が、対象者を評定する方法です。面接法、行動観察法、ロールプレイ法、評定尺度法などがあげられます。面接法は、対象者がどのようなソーシャルスキルの遂行を苦手としているのか、その結果どういった経験をしがちか、などを尋ねます。行動観察法は、教室、職場など、生活の場となっているようなところで、行動を直接観察する方法です。あらかじめ観察対象の行動をチェックリストとして用意し、観察します。ロールプレイ法は、一定の模擬場面のなかで、役割を演じてもらう方法です。対人葛藤場面や主張性（アサーティブネス）といったスキルが必要な場面が用いられます。このような場面で、対象者が演じた行動を得点化するなどして、ソーシャルスキルの巧拙を測定することができます。この方法は、自然な環境では出現しにくい対人場面を提示できるので、誰にとっても同じ条件で行動観察ができる点が長所といえます。そのほか、専門家評定法のなかでよく行われているのが、評定尺度法です。これは、信頼性・妥当性を備えた評定尺度を用いて、専門家が評定する方法です。対象者の年齢や状態にあわせた尺度も開発されてきています。

　②自己評定法

　自己評定法は、認知や行動の傾向などを、自分で評定してもらう方法です。他者評定では得ることのできない情報を調べるためなどに用いられ、他の方法と組み合わせて用いられることも多いです。用いられる評定尺度は、対象者の属性や特性に応じて開発されています。ただし、自分をよく見せたいという意図や欲求によって、反応歪曲が起こってしまう可能性もあるので、このような意図や欲求によって、客観的な自己評価が歪んでいないか、慎重に結果を解釈していく必要があるでしょう。

　以上のような、各アセスメント方法には、それぞれ長所と短所があるので、いずれか１つの方法のみを用いることを避け、アセスメントの目的に応じて、複数の方法を組み合わせて用いることが望まれます。

2. ≫ ソーシャルスキルのトレーニング法

　人間関係の問題を抱えている人たちに、対人反応に関わる知識や技術を体系的に教えて練習させようとする試みが行われるようになりました。第5章でも説明してきたようにこの種のトレーニングを総称してソーシャルスキルトレーニングと呼んでいます。SSTは、精神保健福祉や医療分野を中心に発展を遂げ、現在では教育の現場にも応用されるようになりました。

（1）トレーニングの基本的な流れ

　SSTと各技法によってトレーニング手続きに違いはありますが、多くの場合、次のような流れで行われています。

①導　　入

　導入は、これから開始するSSTを説明する段階です。SSTとはどのようなもので、どのような意義等があるのかを説明します。一方向ではなく、双方向でやりとりし、参加メンバーの意欲を高めることを目指します。

②教　　示

　教示は、参加メンバーに獲得させる具体的なスキル（以下、「標的スキル」と記します）について説明する段階です。標的スキルが、参加メンバーにとって重要であることを強調した上で、標的スキルの具体的な実行方法を説明します。

③モデリング

　モデリングとは、モデル（手本）によって標的スキルを参加メンバーに示して観察、そして模倣してもらうことです。モデルは、トレーナー自身や、標的スキルをすでに獲得している者がモデルとなる、ライブモデル（live modeling）と、写真や映像などの登場人物を用いる形のシンボリックモデル（symbolic modeling）があります。モデリングでは、対人状況を明確にすることや、適切で効果的なスキルを具体的に示すこと、モデルの反応によって肯定的結果が起こることを示すこと、などが大切です。その上で、モデルの反応のどこが適切なのか参加メンバーと意見を出しあうとよいでしょう。

④リハーサル

　リハーサルとは、教示とモデリングで示した標的スキルを、参加メンバーにくり返し練習してもらうことです。リハーサルには、標的スキルの実行順序や対人関係の知識を口頭でくり返し反復することで、定着を促す言語リハーサルと、実際の反応を反復することにより覚える行動リハーサルがあります。

⑤フィードバック

　リハーサル等での練習後、まず、ロールプレイでの肯定的なところを見つけ、ポジティブなフィードバックを行います。修正を試みた方がよい点については、否定的な言いまわしは用いず、「もっとよくなるには、こうしたらよいでしょう」、というような肯定的表現を用いながら、フィードバックを行うことが大切です。参加者がお互いにフィードバックするような場合も、できるだけ肯定的な言い方をするように伝えておきます。

⑥般　　化

　般化とは、練習した標的スキルを日常の場面で実践するよう促すことです。そのため、実生活での使用を言葉で促すだけでなく、普段の日常生活で実践することをホームワークとして出すことも少なくありません。ただ、その場合も、実施しやすく、負担が重くなりすぎないものが選ばれます。

（2）ソーシャルスキルが生起するまでの各過程のトレーニング

　相川（2009）によると、SST の対象となるスキルは、「相手の反応の解読」「対人目標と対人反応の決定」「感情の統制」「対人反応の実行」の各過程で必要とされるスキルです。実際の SST では、アセスメントの結果に基づいてクライエントに応じたプログラムを組んで、次のように、いずれかの過程におけるスキルを重点的にトレーニングします（相川，2009）。

①「相手の反応の解読」のトレーニング

　相手の反応を読み取る解読スキルのトレーニングでは、最初に写真や映像のなかの登場人物を見てもらいながら、非言語的メッセージを読み取る際に注目すべき手がかり、たとえば、表情や姿勢、身体の様子などについて教示されま

す。その後、別の写真や映像を見ながら、そのなかの登場人物の非言語メッセージをどのように読み取るか「リハーサル」し、その結果に応じて「フィードバック」が与えられます。

②「対人目標と対人反応の決定」のトレーニング

意思決定に関わるトレーニングのことです。ここでは、問題解決療法（problem-solving therapy）の考え方を応用して、①問題志向の態度、②問題の定義と目標設定、③さまざまな解決策の案出、④解決策の決定と実行方法の検討、⑤解決策の実行と効果の評価、のようなプロセスをふみ、意思決定スキル獲得が目指されます。

③「感情の統制」のトレーニング

ここでは、対人場面で生じる不安や緊張、怒りなどのコントロール法を教えます。具体的には各種のリラクセーション法、怒りや不安の管理訓練（anger-management training/anxiety-management training）、自己教示訓練（self-instructional training）、などです。自己教示とは、出来事やその意味について自分自身に語りかける言葉であり、一種の自動思考といえます。否定的な自動思考は、ネガティブにかたよった自己評価につながります。マイケンバウム（1985）によると、自己教示訓練では、否定的な自己教示を意識してもらい、トレーニングのなかで、肯定的な自己教示の仕方を身につけてもらいます。そして、最終的に、感情が適切にコントロールされるように導きます。

④「対人反応の実行」のトレーニング

「対人反応の実行」のトレーニングでは、まず、なぜトレーニングが必要なのかを伝え、その枠組みや手順、トレーニングによってどのような効果が期待されるのかを「教示」します。次に、モデル等によって、クライエントにどのようなスキルが必要なのかが具体的に示され、それを観察します（モデリング）。その後、実際にロールプレイして、良かった点や修正の仕方が「フィードバック」されます。最後に、日常生活で用いることにより、「般化」が目指されます。

(3) ソーシャルスキルトレーニングの形態

　日本で行われているSSTの形態には、3種類あります。1つは、トレーナーが1人のクライエントに対して行う個別SSTです。2つめは、同じ問題を抱えている人を集めて実施する集団SSTです。たとえば、統合失調症の患者さんを対象にした社会生活技能訓練や、特別支援教育の対象となる子どもたちを対象としたトレーニングがあげられます。集団の大きさや構成は、性別やクライエントの状態等にも配慮しながら決め、1人か2人のトレーナーが（場合によっては、他のスタッフも参加し）実施します。3つめは、すでに存在する集団を利用して行われるものです。現在増えつつある学級単位でのSSTで、「ソーシャルスキル教育」と呼ばれることもあります。職場内で行われる研修でのトレーニングも、この分類に入ります。既存集団で実施されるSSTは集団SSTに類似していますが、集団内に標的スキルのトレーニングを必要としない人も含まれる点で異なっています。

　トレーニング実施の際には、映像や写真を用いるなど、視覚的にも飽きさせず、トレーニングが単調にならないよう工夫する必要があります。トレーナーは、明るく受容的な態度を保ち、楽しい雰囲気づくりを心がけます。これは、ドロップアウト（中断）を防ぐことにもつながります。一方向的なやり方でなく、互いに話しあいながら進めるとよいでしょう。また、クライエントの感情的な反応、たとえば拒否的な反応や飽きなどにも配慮しつつ、親しみのある声で話し、ゆったりしたペースで進めることが求められます。スキルの定着と般化を促すために日常生活で実施できるホームワークを出すことも多いです。

　こうしたソーシャルスキルトレーニングが、どのような効果をもたらすのかについては、(1)ケース研究、(2)実験計画法を用いて効果を調べる方法、(3)文献レビュー、などで調べられてきました。(1)ケース研究は、日本でも、統合失調症のクライエントへの適用、対人緊張が強く引っ込み思案児、攻撃的で衝動性の高い子ども、などを対象とした実施例があります。(2)実験計画法を用いて効果を調べる方法は、同じ特性をもつ対象者に向けてSSTを実施する群と、実施しない統制群とを設けて調べる方法です。(3)文献レビューをもとにした結果

からは、SSTの短期間における効果は認められ、さらに複数のスキルをパッケージ化したSSTが、単独のスキルについて教えるよりも効果的であることがわかってきています。

（森脇　愛子）

読者のための図書案内

相川充（2009）．新版　人づきあいの技術：ソーシャルスキルの心理学、サイエンス社：ソーシャルスキルの概念について、ソーシャルスキルトレーニングの実際についてわかりやすく書かれています。

相川充・猪刈恵美子（2011）．イラスト版子どものソーシャルスキル：友だち関係に勇気と自信がつく42のメソッド、合同出版：子どもに対するソーシャルスキルの実践について、イラスト入りで（視覚的にわかりやすく）具体的に書かれています。

ディスカッションポイント

（1）身近な友人を1人あげ、その人のふるまい・態度のどのような点が優れているのか、ソーシャルスキルと関連づけながら考えてみましょう。

（2）ソーシャルスキルトレーニングにおいて、肯定的なフィードバックをすることは、どのような効果があるのか考えてみましょう。

【引用文献】

相川充（2009）．新版　人づきあいの技術―ソーシャルスキルの心理学―　サイエンス社

Flora, J. & Segrin, C. (1999). Social skills are associated with satisfaction in close relationships. *Psychological Reports*, **84**, 803-804.

King, C. A., & Kirschenbaum, D. S. (1992). *Helping young children develop social skills.* Pacific Grove, CA: Brooks/Cole Publishing Company.

Leary, M. R., & Kowalski, R. M. (1995). *Social Anxiety.* Guilford.

Lewinsohn, P. M. (1974). A behavioral approach to depression. In R. J. Freeman & M. M. Katz (Eds.), *The psychology of depression: Contemporary theory and research.* Winston-Wiley.

Liberman R. P, DeRisi, W. J., & Mueser, K. T. (1989). *Social skills training for psychiatric patients.* Allyn and Bacon Press.

前田健一・片岡美菜子（1993）．幼児の社会的地位と社会的行動特徴に関する仲間・実習生・教師アセスメント　教育心理学研究, **41**, 152-160.

McFall, R. M. (1982). A review and reformulation of the concept of social skills. *Behavioral Assessment*, **4**, 1-33.

Meichenbaum, D. (1985). *Stress inoculation training*. Pergamon.

Miller, P. M. & Eisler, R. M. (1977). Assertive behavior of alcoholics: A descriptive analysis. *Behavior Therapy*, **8**, 146-149.

佐藤正二・佐藤容子・相川充・高山巌（1993）．攻撃的な幼児の社会的スキル訓練——コーチング法の適用による訓練効果の維持　行動療法研究, **19**, 20-31.

Segrin, C. (1999). Social skills, stressful life events, and the development of psychosocial problems. *Journal of Social and Clinical Psychology*, **18**, 14-34.

Segrin C. (2000). Social skills deficits associated with depression. *Clinical Psychology Review*, **20**, 379-403.

Column 6

【統合失調症とSST】　統合失調症の中核症状は、妄想（被害妄想や誇大妄想など）、幻覚（幻視や幻聴など）、解体した思考・会話、ひどくまとまりのない言動、緊張病性の行動、陰性症状が主となっており、このような症状の有無、強さ、持続期間の違いによって重症度が異なると考えられています。DSM-Ⅳ-TR（米国精神医学会）で羅列されていた統合失調症カテゴリー内の各診断は、DSMの改訂版であるDSM-5（米国精神医学会）におき、「統合失調症スペクトラム」という概念で、連続体としてまとめられました。

　統合失調症に罹患した人が回復後、社会生活を送りやすくなるためには、家庭、学校、地域、友人などの対人関係場面で、より良好なコミュニケーションを行うことが必要です。会話を始める、気持ちを伝える、対立を解決するなどの技能を高めることが大切です。そのための方法として、SSTが活用されるようになってきています。

　SSTでは、多くの行動療法の技術がパッケージ化されています。行動療法は、実験心理学をもとに、1950年代頃から導入されるようになりました。その後、認知的要因である思考、信念、イメージなどを自分自身でコントロールする能力があること、その能力に対する働きかけによって、自己効力感が増し、行動の変容が起こることなどが知られるようになり、行動療法から認知行動療法へと発展をとげました。このような潮流のなかで、精神科領域におけるSSTは、リバーマン、ベラックなどにより、米国を中心に広がり、日本でも、SST普及協会が組織され、その後、全国に結成された支部を中心に、普及活動が展開されるようになりました。

　統合失調症に対するSSTを含め、集団でのSSTに参加することは、ほかの参加メンバーに出会い、別の角度から物事を見ることができるようになったり、問題に対する対処力が高まって現実検討力が改善したりする点で有益です。さらに、自己コントロール力が回復し、相談できるような仲間が増えて社会参加にもつながることなど、さまざまな効用があると考えられています。SSTを実施する援助者にとっても、SSTは多職種で共有できる援助技法のため、チーム医療

の展開に役立てられたり、視野の広いアセスメントができるようになったりするなど有益です。参加者の意見に基づいて目標を設定するので、援助者が働きかけやすいことや、家族にもSST参加してもらうことで、いっそうの回復が得られる、などの利点があり、有用性が期待されています。

　北海道浦河町「べてるの家」は、1984年に設立された北海道浦河町にある、精神疾患等を抱えた当事者の地域活動拠点であり、社会福祉法人浦河べてるの家、有限会社福祉ショップべてるなどの活動の総体となっています。ここでは、当事者が自己病名をつける「当事者研究」や幻覚や妄想を語る「幻覚＆妄想大会」などユニークな活動が行われ、SSTも積極的に取り入れられています。近年、その取り組みを紹介した書籍・DVDなどが公刊されるようになってきています。

（森脇　愛子）

Chapter

8 自己開示と心の健康

　Hさんは、2014年4月、大学に進学しました。同じ学科には、同じ高校の出身者はいないようです。そのため、心細く不安な毎日を送っています。しばらくしてHさんは、同じ英語のクラスをとっている女子学生に話しかけてみました。授業の難しさについて打ち明けてみると、その女性は、自分も不安だ、と話してくれました。その後、2人はしだいに、好きなテレビ番組や、スポーツ選手の話など、打ち明け合うようになりました。今では、お互いを信頼しあい、自分の性格や容姿に関する悩み、将来の夢を打ち明ける間柄です。Hさんの心細さや不安は解消され、大学に通うのが楽しくなりました。

1. ≫ 自己開示とは

（1）自己開示という概念

　自己開示という概念を最初に提起したのは臨床心理学者のジュラードです。ジュラード（Jourard, 1971）は、心理療法家としての経験から、自分自身のことをほかの人に知らせないようにしていることが心身の不健康と関連していると考えました。そして彼は、「開示」という概念を用い、開示とは、「ベールを取ること、あらわにすること、あるいは示すこと」、そして、自己開示を「自分自身をあらわにする行為であり、他人たちが知覚しうるように自身を示す行為」であると定義しました。

　心理学的な意味での女性性を強くもっている人ほど自己開示を行う傾向が強いといわれています（小口, 1989）。これは、自分のことを表現するのは女らしいことで、男らしくないという意識が働くために、男性性役割を受容している

人ほど自己開示を抑制してしまう側面があるためと考えられています。

（2）自己開示内容の分類

榎本（1997）は、自己開示内容を分類するため、先行研究をもとに、「広がり」と「深さ」を提唱しました。「広がり」とは、自己開示の内容がどのくらいのカテゴリーに及んでいるのかを指します。たとえば、大学での授業やアルバイト、趣味や将来つきたい仕事など、多岐にわたるカテゴリーの話題を自己開示していれば、それは「広がり」があるといえるでしょう。一方、「深さ」は、その内容が、開示する人にとって、私的で特殊な領域を表す程度を指します（中村, 1999）。容姿の好き嫌いや家族に関わる悩みなどは、その人にとって私的で特有の領域といえ、「深い」レベルの自己開示ととらえることができます。

（3）自己開示の測定

榎本（1997）は、自己についての概念的整理をもとに、日本の大学生に対する自己開示質問紙を作成しました。その内容をまとめたものが、次の表です。

このほか、国民差、地域差、年代差といったものが反映しうる領域のため、

表8-1　自己の各側面と内容（榎本, 1997より作成）

	自己開示の側面	内　容
①	知的側面	（知的な能力に対する自信や不安、知的な関心事など）
②	情緒的側面	（心を傷つけられた経験、情緒的に未熟と思われる点など）
③	志向的側面	（拠りどころとしている価値観、目指している生き方など）
④	外見的側面	（容姿・容貌や外見的魅力に関すること）
⑤	機能・体質的側面	（体質や健康、運動神経に関すること）
⑥	性的側面	（性に対する関心や悩みに関すること）
⑦	私的人間関係の側面	（同性関係：同性の友人への好悪感情や友人とのあいだに起こったこと、友人関係での悩みなど、異性関係：過去の恋愛経験や異性関係における悩みなど）
⑧	公的役割関係の側面	（興味をもっている職業や人生における仕事の位置づけなどに関すること）
⑨	物質的自己	（こづかいの使い道、服装の趣味などに関すること）
⑩	血縁的自己	（親に対する不満や要望、家族についての心配事など）
⑪	実存的自己	（孤独感や疎外感、人生における不安や生きがいに関すること）

年代に応じた質問項目なども開発されてきています。

2. ≫ 対人関係の発展における自己開示の役割

　自己開示には、先の例の大学生Hさんでみられたように、対人関係を発展させるという機能がありそうです。そこで、まず、このような対人関係の発展における自己開示の役割について扱った理論をみていくことにしましょう。

（1）社会的浸透理論

　アルトマンとテイラー（Altman & Taylor, 1973）は、人と人とが親密になっていく過程を説明するための、**社会的浸透理論**（social penetration theory）を提唱しました。社会的浸透理論とは、対人関係の発展と衰退の過程について提唱した理論です。アルトマンとテイラーによると、個人のパーソナリティは、感情や欲求などの中心層から、言語的行動などの周辺層にわたり同心円のように構成されているといいます。二者の関係が進展することは、両者の相互作用がパーソナリティの周辺の層から中心の層へと浸み込んでいくこと、つまり相互に相手の中心に向かって浸透していく過程であるととらえられています。関係の進展は自己開示を通してなされていき、関係が進展するにつれて（関係が発展するにしたがって）、人はより多くの情報を開示し、自己開示の「広がり」と「深さ」が増していきます。

（2）自己開示の返報性

　相手を知りたい時には、自分の方から先に、心を開くとよいでしょう。多くの場合、自分が内面を打ち明けると、その相手も、同じように内面を打ち明けてくれます。このように、自己開示の受け手が同じ程度の深さ、あるいは、同じ程度の量の自己開示を開示者に示す現象を**自己開示の返報性**といいます。私たちは他者から打ち明け話を聞かされると、その内容にあわせて今度は自分が話そうという気持ちになるのではないでしょうか。話された内容がより内面的

で深い内容であれば、同様に内面的な内容の話が返ってくることが多く、そのことがきっかけとなって2人の関係が親密なものに変化すると予想されます。このような自己開示は、相互理解を促進することにもつながるでしょう。

　自己開示の返報性は、さらに、対人関係の親密性の段階（発展の段階）によって、異なった様相をみせるとアルトマン（Altman, 1973）は考えました。この考えをもとに、表面的な内容の開示と内面的な内容の開示とに分け、表面的な自己開示と内面的な自己開示の返報性が、関係の進展度によってどのように異なるのかを図示したのが、下記の図8-1です。

　図8-1にみられるように、対人関係が発展する過程で、自己開示の返報性のあり方が変化していきます。内面的な自己開示の返報性は、関係の初期から中期にかけて徐々に高まり、対人関係の中期でもっとも返報されることが多くなります。そして、相手との関係が親密になり対人関係が十分確立された段階では、自己開示の返報性の程度が低くなります。親密度の高い友人間では、関係が確立して信頼関係も構築されているので、自己開示のたびに返報することは少なくなるといえそうです。一方、表面的な自己開示は、対人関係の初期でもっとも返報されることが多く、徐々に返報性の程度が低くなっていきます。

　デルレガら（Derlega et al., 1975）は、自己開示の返報性について、女子学生を対象に調べました。実験への参加者は、一緒にきた友人か、まったく初対面の人のいずれかとペアを組み、まずパートナーが自己開示します。パートナーの自己開示には、内面的な自己開示と表面的な自己開示の2レベルの話題が用意され、実験参加者は、パートナーからの自己開示を受け取っ

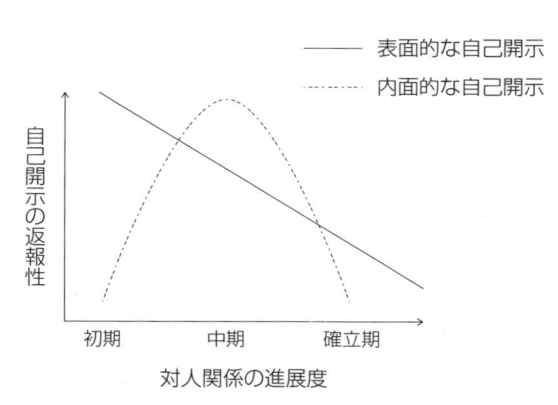

図8-1　対人関係の進展度と内面的な自己開示の返報性との関連

た後、パートナーに対し、自己開示をしました。こうした実験の結果、初対面の相手からの自己開示が内面的であれば、実験参加者も内面的な開示を行ったのに対し、相手が友人である場合には、そのような開示の返報性はみられませんでした。つまり、関係が初期の段階では、自己開示の返報は関係を発展させるために重要な意味をもつのですが、いったん親しい関係ができあがってしまうと、返報の重要性が低くなるのだと理解できます。夫婦間においても、ローゼンフェルドとボーウェン（Rosenfeld & Bowen, 1991）は、夫の自己開示と妻の自己開示とのあいだに、低い相関しかみられず、むしろ、夫（あるいは妻）が理解ある聞き手である場合や、自由に自己開示ができる場合に、結婚に対する満足感が高まることを示しています。

3. 自己開示のポジティブな側面とネガティブな側面

　自己開示することにより、関係が親密化したり、苦痛が和らいだり、自己明確化が促進されるなど、ポジティブな側面がある一方で、自己開示にはリスクが伴うことも指摘されています。たとえば、開示された情報を聴き手が第三者に漏らしてしまうことなどが例としてあげられます。そのため、程度の差はあれ、人は、自己開示に伴うリスクを軽減するために、心のなかの感情や秘密を隠蔽しようとするところがあります。このような自己隠蔽の程度について、自己隠蔽傾向が強い人は、健康自覚症状の訴えが強いという研究結果が報告されています。その一方で、自己開示量が多すぎても少なすぎても心理的適応が損なわれるという研究結果が見受けられます。近年では、心理療法と自己開示の関係を明らかにしようとする研究も進められており、自己開示を推奨されることの不快感や抵抗感が治療者や心理療法への不信を招いているという指摘もあります。

(1) 感情体験の他者との共有

　自己開示では、浅いレベルの情報から深いレベルの情報まで、言語化できればすべて、開示の材料になりえます。そのなかでも、近年は、感情体験の自己

開示についての実証研究が進んでいます。感情体験のなかでも、とくに、病気や事故、事件や災害など、強いネガティブ感情や心理的動揺が起こるような体験をした人は、自己の感情や考えを積極的に他者に語ろうとします。たとえば、乳がん患者の70％以上が診断を受けてから1ヵ月以内に、気持ちを周囲の人に語る傾向があること（Henderson et al., 2002）や、心臓疾患の手術を控えた患者が、心臓の病気や手術へのおそれを周囲の人たちに話したいと思うこと（Panagopoulou & Maes, 2003）などが報告されています。自分に起こった、強いネガティブな感情体験からの回復過程では、自己の感情や考えを言語化することが、重要な鍵といえそうです。

　悲しみ、怒り、恐怖など日常的な感情体験を欧州諸国の人々に尋ねた一連の調査結果は、感情体験の事例の80％以上が出来事の直後に他者に語られていることを明らかにしています。ネガティブ感情体験について調べた研究からは、アジア文化圏の人々が欧米文化圏の人々と同等にネガティブ感情体験を他者に語っていることが示されました（Pennebaker, Zech, & Rimé, 2001）。

（2）否定的感情を語ることへの抑止力

　実際の対人関係場面では、否定的な感情を他者に語ることに対してさまざまな抑止の力が働きます。自分の身に起こった非常にネガティブな感情体験や深い悩みについて、他者に打ち明けたいと思っても、ふさわしい相手がいなかったり、語ろうとすることがらが社会的に受容されにくいものであったりした時には、人はなかなか打ち明けることができません。相手に気を許して打ち明けたところ、思わぬ結果が生じる可能性もあります。開示を受ける側についても、開示者からくり返し同じようなネガティブな話題を開示された場合、受け手がしだいに疲労感を感じたり、憂うつな気持ちになってしまったりすることもあるでしょう。非常に強いネガティブな感情体験を打ち明けられた人には、心理的な動揺が起こるかもしれません。開示者の感情体験に対し、対処する力や方法がないと思うと、受け手がその話題を避けようとしたり、開示者から距離を置いたりすることも十分考えられます。

(3) 自己開示の心理的抑制要因

　自己開示は、程度の差はあるものの抵抗感を伴うといいます（遠藤，1995）。自己開示の内容では、たとえば大学生では、異性関係や自分の将来の生き方に関することが話しにくい話題であり、内容の性質によって話しにくさが生じます（榎本，1997）。こうした内容の自己開示に限らず、自己開示したいという思いはあっても、なかなか素直に自己開示できないような時、いったいどのような思いが自己開示をためらわせるのでしょうか。

　自己開示における開示抵抗感には、対自的側面と対他的側面があるといいます（遠藤，1995）。対自的側面とは、開示内容への評価に関する抵抗感であり、たとえば、開示内容が一時的でささいなことであり、一過性であるという考えや、相手に伝えてもわかってもらえないのではという不安が含まれます。対他的側面では、そのことを自己開示すると、それまで築き上げてきた互いの関係にマイナスの質的な変化を生じさせるのではないかという不安や懸念が中核となっています。ほかにも、互いに深く知り合うことによってかえって傷つけあうことを恐れるため、自己開示が抑制されるのではとの指摘があります。男性にみられやすい開示抵抗感には、「男性は強くあらねばならない」といった社会通念によって、弱さや傷つきを見せることがネガティブに受け止められやすいため抵抗感が生じる、といったような社会・文化的背景があるのかもしれません。

　榎本（1997）は、大学生を対象として、自己開示の心理的抑制要因尺度を作成しました。尺度の作成にあたっては、「相手がどんなに親しい友だちであっても、自分の考えや気持ちをすべて打ち明けるというのは難しいと思います。どんな思いが自分の考えや気持ちをさらけ出すことをためらわせるのでしょうか」と尋ね、最重要と思われる理由を3つ選んでもらっています。こうして作成された尺度は、"あらためて真剣に自分の胸のうちを明かすような雰囲気ではないから"などの「現在の関係のバランスを崩すことへの不安」因子、"自分の考えや気持ちは誰に言ってもわかってもらえないと思うから"などの「深い相互理解に対する否定的感情」因子、"相手も同じように考えているかどうかわからず不安だから"などの「相手の反応に対する不安」因子から構成され

ています。こうした尺度を用いた研究からは、お互いを深く知り合う必要をそれほど感じないという心理、相手の反応に対する不安、自分を理解してもらえる可能性に対する悲観的心理など、自己開示の抑制要因として作用していることが示されました。

　自己開示への抵抗感は、相手に自分を理解してほしい社会的欲求と、相手からの拒否・結果のリスクの認知の両者が拮抗する形で増大する側面があると考えることができます（遠藤, 1995）。話したいけれど話したくない、という葛藤が生じていることも十分考えられます。今後、自己開示への抵抗感に対して、どのような要因（パーソナリティであったり、生育歴であったり）が関わっているのか、またどのような働きかけが有効かを調べていくことは、より効果的な心理的援助に結びつくのではないでしょうか。

4. ≫　自己開示と心身の健康との関連

（1）自己開示と心理的健康

　自己開示という概念を創始したジュラードは、重要な他者に対して十分に自己開示できることは、健康なパーソナリティの重要な条件になると述べました（Jourard, 1971）。そこで、自己開示のレベルが高い人は心理的健康のレベルも高く、自己開示のレベルが低い人は心理的健康のレベルが低い、という直線的な関係がみられるのかどうか、研究が進められました。このようなアイディアを調べるため、たとえば、ジュラードらの「自己開示質問紙」を用いて測定したものもありますが、必ずしも一貫した結果は得られませんでした。

（2）自己開示の逆U字モデル

　そこで、次に考えられたのが曲線的な関係で、**逆U字モデル**とも呼ばれています。高自己開示や低自己開示では心理的健康度が低く、中程度の自己開示だと心理的健康度が高い、というものです。

　コズビイ（Cozby, 1973）は、精神的に健康な人は、社会的環境のなかで限ら

れた重要な人に対してはよく自己開示するのに対し、適応のよくない人は、誰に対しても無差別によく自己開示するか、あるいはほとんど開示しないという特徴があると考えました。

これについて、チェイキンら（Chaikin et al., 1975）は、神経症傾向と自己開示の返報性との関連を、実験によって調べました。実験では、神経症傾向の高い大学生と低い大学生が、内面性の高い話題と低い話題をもって、実験協力者から話しかけられます。すると、神経症傾向の低い場合、相手からの開示内容が深いとみずからも深い情報を返し、相手からの開示が浅い場合には、浅いレベルで返しました。神経症傾向の高い場合には、相手からの開示にかかわらず、中程度の内面性の高い自己開示をするという結果が得られました。遠藤（1989）は、状況を的確に判断して、それに見合った水準の開示をしようという意志と孤独感、神経症傾向とのあいだに負の相関関係を見出し、適切な自己開示を行おうとする人ほど精神的健康度が高いことを示しています。このような結果から、自己開示の質的な側面（どのように自己開示するのか）と、心理的不適応状態とは関連があるといえそうです。今後、より詳細なメカニズムを明らかにすることによって、アセスメントへの応用や予防的介入につながることが期待されます。

（3）トラウマティックな出来事の開示と心身の健康

1980年代に入り、ペネベイカー（Pennebaker, J. W.）は、トラウマティックな出来事について、考えたり感じたりしたことを開示することと、心身の健康との関連を調べ、一連の研究を行っています。なかでもトラウマティックな出来事について、筆記による開示を手続きとして選び調べました。そして、トラウマやその抑制に関する諸研究を展望して、トラウマティックな出来事によって生じた情動や思考を他者に開示することを抑えた（「制止」と呼ぶ）場合に心身の健康が悪化し、逆に、制止していた情動や思考を開示した場合に健康が増進するという理論、すなわち、**制止―直面理論**（theory of inhibition and confrontation）を提唱しました。

ペネベイカー（Pennebaker, 1989）は、大学生や成人を対象として、トラウマ

を開示することと心身の健康との関連を質問紙調査によって検討し、トラウマを開示した場合には、健康センター訪問の回数が少ないことを示しています。ペネベイカーとビオール（Pennebaker & Beall, 1986）はまた、トラウマ的な出来事やそれにまつわる思いについて書いた者は、日常的でささいなことがらを書いた者よりも、書いた直後の時点では血圧が高く自分自身に対する感情も否定的であるが、6ヵ月後の時点では、逆に前者の方が健康的であること（健康管理センターへの訪問回数が少ないこと）を見出しました。トラウマ的な出来事に関する事実と思いをともに開示した者は、トラウマ的な出来事を事実だけ開示したものや思いだけ開示した者とくらべても、6ヵ月後の時点でより健康であることがわかりました。今後は、メカニズムやトラウマ以外の開示の効果の解明、心理臨床的な援助での効果的ないかし方の検討など、さまざまな側面からの検討が求められています。

（森脇　愛子）

読者のための図書案内

James W. Pennebaker　余語真夫（監訳）（2000）．オープニングアップ―秘密の告白と心身の健康―　北大路書房：震災や交通事故、虐待体験などのトラウマティックな出来事や、失業、人間関係における不信といった経験からどのように回復しうるのかについて、開示と抑制の心身への影響を中心に、心理学実験に基づいて解説されています。

ディスカッションポイント

（1）ネガティブな感情体験についての自己開示をした際に、開示相手から受けたポジティブな反応（受容的と感じた反応）とネガティブな反応（拒絶的と感じた反応）をふり返り、自己開示前後の気持ちの変化との関係を考えてみましょう。

（2）自己開示に対する抵抗感が強い人、なかでも、自己開示したいけれど自己開示したくないという気持ちをもつ人に対して、どのような働きかけが可能か考えてみましょう。

【引用文献】

Altman, I. (1973). Reciprocity of interpersonal exchange. *Journal for the Theory of Social*

Behavior, **3**, 249-261.

Altman, I., & Taylor, D. A. (1973). *Social penetration: The development of interpersonal relationships*. Holt, Reinhart & Winston.

Chaikin, A. L., Derlega, V. J., Bayma, B., & Shaw, J. (1975). Neuroticism and disclosure reciprocity. *Journal of Consulting and Clinical Psychology*, **43**, 13-19.

Derlega, V. J., & Chaikin, A. L. (1975). *Sharing intimacy: What we reveal to others and why*. Prentice-Hall.

遠藤公久（1995）．自己開示における抵抗感の構造　カウンセリング研究，**28**，47-57．

遠藤公久（1989）．開示状況における開示意向と開示規範からのズレについて——性格特徴との関連　教育心理学研究，**37**，20-28．

榎本博明（1997）．自己開示の心理学的研究　北大路書房

Henderson, B. N., Davison, K. P., Pennebaker, J. W., Gatchel, R. J., & Baum, A. 2002 Disease disclosure patterns among breast cancer patients. *Psychology and Health*, **17**, 51-62.

Jourard, S. M. (1971). *The transparent self, revealed*. Van Nostrand Reinhold.（岡同哲雄訳，(1974)．透明なる自己　誠信書房）

中村雅彦（1999）．関係深化とコミュニケーション　諸井克英・中村雅彦・和田実（編）　親しさが伝わるコミュニケーション——出会い・深まり・別れ　金子書房

小口孝司（1989）．自己開示　大坊郁夫・安藤清志・池田謙一（編）　社会心理学パースペクティブ1　個人から他者へ　誠信書房

Panagopoulou, E. & Maes, S. (2003). Social sharing in anticipation of cardiac surgery: Who talks more and why. Anxiety, Stress and Coping: *An International Journal*, **16**, 417-430.

Pennebaker, J. W. (1989). Confession, inhibition, and disease. In L. Berkowitz (Ed.), *Advanced in Experimental Social Psychology*. Vol. 22. Academic Press.

Pennebaker, J. W. & Beall, S. K. (1986). Confronting a traumatic event: Toward an understanding of inhibition and disease. *Journal of Abnormal Psychology*, **95**, 274-281.

Pennebaker, J. W., Zech, E., & Rimé, B. (2001). Disclosing and sharing emotion: Psychological, social and health consequences. In Stroebe, W., Hansson, R. O., & Schut, H. (eds.), *Handbook of bereavement research: Consequences, coping, and care*. American Psychological Association.

Rosenfeld, L. B., & Bowen, G. L. (1991). Marital disclosure and marital satisfaction: Direct-effect versus interaction effect models. *Western Journal of Speech Communication*, **55**, 69-84.

Chapter 9 ストレスと対処

　大学生Iくんは、友人とささいなことで喧嘩になり、互いに口をきかなくなりました。友人とは、同じ授業も多くとっており、顔を合わせることも多いため、険悪な状態が続くことに、非常に心を痛めていました。仲直りできないあいだはずっと、憂うつな気持ちであり、食欲がなく、睡眠も不規則になってしまいました。Iくんは、関係を修復するためにはどうしたらよいか必死で考え、ある日行動にうつしました。相手の友人も同じようにつらい思いをしていたようで、Iくんと友人は仲直りすることができました。そして、喧嘩をしていたあいだに共有できなかったことをお互いに話し合い、すっかり気持ちも明るくなりました。

1. 》 現代社会とストレス

（1）現代人のストレス

　近年、都市化が進むなか、核家族化や少子高齢化、高度情報化、成果主義などの社会的、経済的な問題が、人々の健康や人間関係のありように色濃く影響を与えています。私たちは、日々の生活においてこれらのさまざまなストレスフルな状況に直面しています。

　家庭内においては、子どもに対する虐待や、高齢者に対する虐待、引きこもりや家庭内暴力、離婚などがみられます。学校の現場においては、不登校やいじめなどが減少することなく、教員のメンタルヘルス不調や休職も問題となっています。地域社会、なかでも都市部では、地域住民同士のつながりが失われ、高齢者の孤独死や住民間のトラブルも増えています。

　2011年の東日本大震災の後、人と人のつながりや絆の大切さがあらためて見

直され、近隣住民同士が助け合う動きなどが一部生まれてきてはいるものの、全体としてみると、家族や地域社会がもつ支え合う力やつながりは弱くなっているといえそうです。

　2013年に実施された統計数理研究所の「日本人の国民性」調査の結果によると、1ヵ月のあいだに「いらいら」したことがあるという人の割合は、調査を経るごとに徐々に増えており、2013年には、1993年の調査開始以来はじめて「いらいら」していない人の割合（49％）を超えて50％になりました。「いらいら」したことのある人の増加は、60歳以上を除くどの性別・年齢層でもみられましたが、とくに若年層の女性で著しく、2013年は、4人に3人の20歳代・30歳代女性が1ヵ月のあいだに「いらいら」したことがあるとしていました。

　うつ病を中心とした気分障害での受診者数は100万人を超え、このうち、うつ病の患者数は70万人と報告されています（厚生労働省, 2013）。この調査結果はあくまでも医療機関を受診した数であり、未受診の人を含めると、より多くの人がうつ病やうつ状態に苦しんでいると推測できるでしょう。また、うつ病はおとなだけでなく、子どもたちのあいだにも広がっているという側面も指摘されてきています。北海道大学の児童精神科の研究グループによる大規模調査によると、小学生や中学生のうつ病と診断された割合は予想以上に高く、中学1年生の割合はおとな並みであったと報告されています（傳田, 2008）。今日では、中高年の働き盛りだけでなく、子どもを含めた幅広い年齢層にうつ病や気分障害などが蔓延しているのだといえそうです。

　2011年、厚生労働省は、これまで4大疾病と位置づけて重点的に取り組んできた、がんや脳卒中、心臓疾患、糖尿病に、あらたに精神疾患を加えて、5大疾病としました。うつ病や統合失調症などの精神疾患の患者数は330万人を超え、従来の4大疾病をはるかに上回っています。ストレス対策を考えることは、心身の健康を保ち、充実した社会生活を送る上でも、必要不可欠といえそうです。

（2）現代社会のさまざまなストレス

　近年、家庭や学校や職場の人間関係の問題、過重な仕事、自分の健康問題、進路、受験、就職など、心理的・社会的ストレスの比重がいっそう大きくなっており、私たちの心身の健康や適応を脅かす重大なストレッサーになっています。

　心理社会的ストレスは、大きく分けると①日常生活に大きな衝撃や変化を与える出来事（ライフイベント）と②日常生活の小さなストレスや苛立ち事、つまり**日常生活ストレス**（デイリー・ハッスルズ）に分けられます。前者は急性ストレス、後者は慢性ストレスと呼ばれることもあります。①には、災害や事件、交通事故などの出来事、配偶者の死、離婚、解雇、転勤・転校などの非日常的な出来事があげられます。②は、友人・知人とのトラブル、上司との対立、過重な仕事や課題、日々の残業、長時間通勤、周囲の騒音など、日常生活で生じる苛立ち事や負担のことをいいます。現代社会では、働く人たちに限らず、子どもたちや高齢者まで、なんらかの日常的、非日常的なストレスを経験しながら生活を営んでいるのが現状です。今日、ストレスと無関係で生活していくことは難しい時代になっているといえるでしょう。

2. ≫ ストレスと健康

（1）ストレスとは

　ストレスという用語は、現代では医学や心理学の分野のみならず、日常的にも頻繁に使用され、時には混乱も見られます。実際、日常的には「ストレスがかかっている」というようにイライラや精神的緊張状態の源（刺激）となるものとして、また、「これはストレスになる」というようにストレス状態に対して、それら両方の意味に使われています。しかし、後述のようにストレス源（刺激）は、「ストレッサー」、ストレス状態は「ストレス反応」と区別して理解することができます。

　もともとストレス（stress）という言葉は、英語では以前から一般用語として

あり、強調・重点を意味したり、力学では、歪み、応力、圧力を表現するために用いられてきました。ストレスを最初に生理・医学分野で使用したのは、キャノン（Cannon, 1935）です。キャノンは、寒冷や酸素不足あるいは情動などのストレス（この場合は刺激）が、ホメオスタシス（恒常性）を強く攪乱するような生体反応（ストレイン：緊張）を引き起こすというように、外的な負荷が生物内部のシステム全体に影響すると考えました。交感神経―副腎髄質に関わる反応（危急反応）を強調し、これが生体内外刺激による全身的反応への関心や、心身相関に関する実証的研究の端緒でした。

　ストレスという用語は、セリエ（Selye, 1936）によって、一般的に普及しました。セリエは、さまざまな病因によって生じる生体に共通した臨床的症状（発熱、胃腸障害、体重減少など）に注目し、ネズミを対象とした研究に携わり、種々の病因や外傷によって、副腎皮質の肥大、胸腺・リンパ節の萎縮、胃・十二指腸潰瘍が共通してみられることを発見しました。特異的反応は、局所適応症候群と呼ばれ、非特異的な反応は、**汎適応症候群**（GAS）と呼ばれました。後者が、セリエの言うストレスにあたり、「体内外から加えられた各種の有害作因に応じて体内に生じた、傷害と防衛の反応の総和」（田多井, 1980）といわれます。ストレス（この場合は反応）を引き起こすこのような原因（刺激）はストレッサーと呼ばれています。

　過度の緊張を引き起こす有害なストレッサーは少なくないですが、一定の緊張を与え、個人の成長や発達を促すストレッサーもあるといわれています。セリエ（Selye, 1936）は、前者を**ディストレス**（distress：有害ストレス）、後者を**ユーストレス**（eustress：有益ストレス）と称しました。たとえば、受験、面接試験、人前でのプレゼンテーション、スポーツ大会への出場などは人に一定の緊張を引き起こします。しかし、そうしたことをみずから体験し、乗り越えていくことにより、さまざまな知識や技術、対処スキルなどが向上し、人間として成長・発達していくことも少なくありません。ユーストレスは、人の成長や発達にとって欠くことのできない「生活スパイス」といえるかもしれません。また、同じストレッサー（課題、責任など）であっても、その受けとめ方や評価の仕方

(Lazarus & Folkman, 1984)、個人の資質、支援の有無によって、ディストレスにもなれば、ユーストレスにもなります。

　ストレッサーのある状態が長く続くと、心身にさまざまなストレス反応が現れます。たとえば、①身体的ストレス反応は、食欲の低下、胃痛、胃のもたれ、頭痛、不眠、過眠、動悸、息切れ、不整脈、めまい、便秘、下痢などの症状です。②心理的ストレス反応は、気分の落ち込み、憂うつ感、興味・関心の喪失、不安、イライラ感、不機嫌、思考力・集中力の低下、意識の低下、自責感を指します。③行動的反応として、口数が少なくなる、表情が暗くなる、反応が遅い、動作が鈍くなる、落ち着きがなくなる、周囲との接触を避ける、ミスが増える、飲酒量が増えるなど、周囲から見て気づきやすい行動の変化が現れます。より悪化していくと、うつ病を発症することにもつながりかねません。いずれにせよ、普段から自分の体調や気分に気を配り、心身の不調やサインに早めに気づくことが大切といえるでしょう。そして、困難な問題を抱えている時は、家族や友人、信頼できる人に相談したり援助を求めたりすることも大切ですし、健康を維持しながら充実した生活を営むには、ストレスへの気づきと周囲からのサポート、ふさわしい対処（コーピング）が欠かせません。

（2）ストレスを測る

　セリエのように、ストレスを生理的レベルでとらえるのなら、ストレス反応の量的測定は比較的簡単かもしれません。しかし、心理的レベルでのストレス反応の数量化、いわゆるストレス度を測定しようとすると、客観化がより難しいのです。たとえば、物理的、生物的ストレッサーにくらべ、心理社会的ストレッサーの数量化はより難しいでしょう。そのなかで、ホームズとレイ（Holmes & Rahe, 1967）は、「社会的再適応尺度」を作成しました。これは、生活を変化させるような重大な事件や出来事（ライフイベント）が起きた場合、もとの生活に戻るにはどのくらいの時間や努力が必要かを、結婚を50として、評定するというものです。米国の原版と日本で調査された評価尺度のLCU得点（Life Change Unit Score）では、配偶者の死（100）や離婚（73）、近親者の死（63）や親

友の死（37）など、愛情や依存の対象である重要な他者を失うという人間関係の喪失体験がストレスフルな出来事です。ここ最近（1年間）のLCU得点の合計が300点以上になると80％の人、150から300点未満だと50％近い人が近い将来なんらかの病気（うつやなんらかの身体疾患）にかかってしまいます。このような尺度化を参考にすることはできますが、40年以上前の米国を反映したものであり、現在の日本では違いがあるかもしれません。また、人生における重大な出来事をこのように点数化することについては、出来事の受けとめ方、解釈の仕方といった認知の個人差を考慮していないという問題点もあります。

　ラザルスとコーエン（Lazarus & Cohen, 1977）は、めったに起こらない急性の重大事件よりも、慢性的で、個人的意味や個人の対処法を重視した日常生活ストレス、すなわちデイリー・ハッスルズの概念をストレス理論に取り入れ、尺度化を試みました。

（3）ストレスへの対処（コーピング）

　現代社会はストレスの時代であるとよく表現されますが、昔よりストレスフルなのでしょうか。昔は昔でそれぞれの時代にストレッサーは存在したはずです。しかし、近年の都市化、産業化、核家族化、情報化、国際化のなかで、ストレッサーの種類や症状が多様になりました。早く成果を出すことが求められるため、プロセスよりも成果に目を向けられます。身体や精神がストレス状態にあることに気づく余裕がない場合も多く、気づいたとしても、競争から遅れることや評価の低下を恐れるあまり、休んで気分転換を試みたり、うまく対処したりすることができていないのかもしれません。

　ストレス発生過程における、個人間の差を説明するモデルとして、ラザルスとフォルクマン（Lazarus & Folkman, 1984）の相互作用モデルがあげられます。

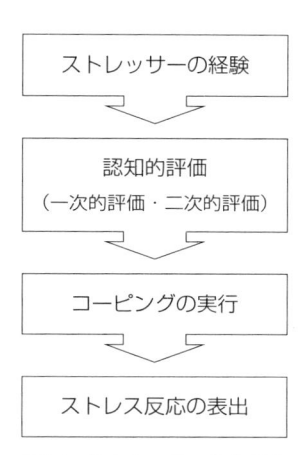

```
ストレッサーの経験
     ↓
  認知的評価
（一次的評価・二次的評価）
     ↓
 コーピングの実行
     ↓
 ストレス反応の表出
```

図9-1　ストレッサーからストレス反応へ至るモデル

ラザルスらによると、環境からの刺激や要求が個人の有している対処能力や対処資源を超えていると認知される時、その個人はストレス状態にあるといいます。次の図は、ラザルスら（1984）をもとに作成したものです。

　このモデルでは、セリエの生物学的視点に加えて、ストレッサーに対する個人の評価・認知と対処（コーピング）の仕方が重視されます。ストレッサーが自分にとって脅威であるか否か（1次的評価）、また自分の有する資源で対処可能かどうか（2次的評価）という認知的評価、つまりストレッサーの受けとめ方とそれに対する対処の仕方によって、ストレス反応や健康状態が大きく変わってくるという考え方です。ストレス対処とは、個人と環境との相互作用のなかで、ストレスフルと認知（評価）された関係性とそれに対抗しようとする一連の意識的な努力（コーピング）の過程です。心身の健康においてはストレッサーや自分の置かれた状況をどう受けとめ、どう感じ取るかという認知的評価が重要な意味をもつと考えられます。そして、状況を肯定的に評価し、自分の有する対処資源で克服していくことが、さらなる自己の成長につながることも示唆されます。

（4）対処プロセスの種類

　ラザルスとフォルクマン（1984）によると、ストレス対処のストラテジーとして、2次元・8方略あります。2つの次元とは、**情動焦点型対処**（emotion-focused coping）と、**問題焦点型対処**（problem-focused coping）です。次の表は、それぞれの対処の仕方について、サラフィノ（Sarafino, 2002）をもとにまとめたものです。

　情動焦点型の対処では、行動的な対処と認知的な対処があげられます。行動的な対処は、カラオケや買い物に行って気を紛らわす、友人に話を聞いてもらう、スポーツに没頭するなどです。認知的な対処は、事態についての考え・とらえ方を変えることです。たとえば、失恋した時、「他にも魅力的な人がいて、自分はすぐに親しくなることができる」などと考えることがあげられるでしょう。一方、問題焦点型の対処では、ストレスフルな状況に対し、みずから分析

表9-1　ストレスフルな状況・事態への対処（Sarafino, 2002より作成）

1. **計画的問題解決**（問題焦点型対処）
   問題の解決に至るための状況を分析し、問題を解決するための活動をする。
2. **対決型コーピング**（問題焦点型対処）
   状況を変化させるために、積極的に困難に立ち向かおうとする。
3. **社会的支援を求める**（問題焦点型対処、情動焦点型対処）
   他者から情報的支援を求める、また、情動的支援を求める。
4. **距離をとる**（情動焦点型対処）
   ストレスフルな状況から離れ、よりよい展望につながるような認知的努力を試みる。
5. **逃避─回避**（情動焦点型対処）
   ストレスフルな状況について、そこから逃避・回避するといった活動をする。
6. **セルフ・コントロール**（情動焦点型対処）
   自分の感情・気分や活動を問題とのあいだで調整するよう試みる。
7. **責任の受容**（情動焦点型対処）
   問題においてのみずからの役割を認め、物事を正しくしようとする。
8. **肯定的評価**（情動焦点型対処）
   みずからの成長のため、ストレスフルな状況から肯定的な意味を見出そうとする。

し、その問題解決を目指して、考え、行動します。一般に、情動焦点型対処よりも問題焦点型対処の方が効果的であるといわれますが、いずれか1つの対処法ではなく、より多くの対処法を身につけ、ストレスフルな状況に応じて、柔軟に使い分けることの大切さも指摘されています。

(5) ストレスマネジメント

　ストレッサーに対処するために、さまざまな心理的技法を活用することもできるでしょう。たとえば、筋弛緩法や自律訓練法、呼吸法なども、その例としてあげられます。筋弛緩法では、手首あるいは両腕を持ち上げて10秒程度保持し、その後下げて15秒程度、筋弛緩を感じ取るようにします。顔面、首、腹、足首など、身体のいくつかの部位に対して行われます。自律訓練法は、標準練習と特殊練習とに分けられ、7つある標準練習のうち第1、第2公式が主に用いられます。まず背景公式の「気持ちが落ち着いている」という言語暗示から

始まって、第1公式の四肢重感練習の暗示「両腕、両足が重たい」を数回くり返します。第2公式の四肢温感練習の暗示は、「両腕、両足が温かい」です。呼吸法は、呼吸を意識的に操作していこうとする方法で、リラクセーションの有効な方法として用いられています。腹式呼吸と長くゆっくりとした呼気を用います。呼気によって副交感神経が優位になりやすく、ゆっくりとした長い呼気はリラクセーションの感覚をもたらします。腹式呼吸は胸式呼吸よりも肺活量が多く、また沈静感をもたらします。呼吸法はもっとも容易なストレス解消法であり、心身の健康法の基礎であるともいえるでしょう。

3. 対人ストレッサーとは

　私たちは、日常生活でさまざまなストレスフルな状況に遭遇します。なかでも、もっとも遭遇頻度が高く、われわれを困らせるのが対人関係といえるでしょう。このように対人関係によって引き起こされるいやな出来事を、**対人ストレッサー**(interpersonal stressor)といいます。対人ストレスイベント(interpersonal events)や対人ストレス状況(interpersonal stressful situation)ともいわれています。ストレッサーのとらえ方には大きくは2つの立場があり、1つはライフイベントを重視する立場、2つめは、日常苛立ち事を重視する立場です。ライフイベント研究では、先にあげた、ホームズとレイの社会的再適応尺度が知られています。配偶者の死、離婚、夫婦別居、近親者の死など、LCU得点(Life Change Unit Score)の高いライフイベントの多くは、対人ストレッサーです。これらの対人ストレッサーには、個人の人生を左右するようなストレッサーが含まれます。一方、日常苛立ち事としての対人ストレッサーは、「友だちと気まずい雰囲気になった」「上司が自分の提案を受け入れてくれない」のように、日常生活で生じる対人ストレッサーを指して用いられます。

(1) 日常苛立ち事としての対人ストレッサー

　対人関係に起因するストレスフルな出来事のことを、対人ストレッサーとい

い、橋本（2006）は、対人ストレッサーをその質によって分類しようと試みました。橋本は、対人ストレッサーの個人差を測定するための対人ストレスイベント尺度（Scale of Interpersonal Stressor）を作成し、大学生が遭遇する対人ストレッサーを対人葛藤、対人過失（対人劣等）、対人摩耗の3つに分類しています。対人葛藤（interpersonal conflict）とは、他者が自分に対して、否定的な態度や行動を示す状況です。たとえば、相手が意見を真剣に聞こうとしなかったり、相手に軽蔑されたりけなされたり、相手の都合のいいように利用されたりするような状況をいいます。対人過失（対人劣等）（interpersonal blunder）とは、自分自身に非があって、相手に迷惑をかけたり、不快な思いをさせてしまうような状況です。たとえば、自分のミスで相手に迷惑をかけた状況や、よけいなお世話かもしれないことをしてしまった状況などが、それにあたります。対人摩耗（interpersonal dislocation）とは、自他ともにネガティブな心情や態度を明確に表出してはいないが、円滑な対人関係を維持するために、あえて自分の意に沿わないような行動をしたり、相手に対する期待外れを黙認しなければならなかったりするような状況です。たとえば、その場をおさめるために、本心を抑えて行動したり、相手の機嫌を損なわないように、会話や態度に気を遣ったりする状況があてはまります。

（2）対人ストレスコーピング

対人ストレスコーピング（interpersonal stress coping）とは、対人ストレッサーに対するコーピングです。加藤（2007）によると、対人ストレスコーピングには、3つの種類があります。ポジティブ関係コーピング（positive relationship-oriented coping）、ネガティブ関係コーピング（negative relationship-oriented coping）、解決先送りコーピング（postponed-solution coping）です。ポジティブ関係コーピングとは、いやな出来事を引き起こす対人関係に対して、積極的にその関係を改善し、よりよい関係を築こうとするコーピングです。たとえば、ある友人とささいなケンカをし、そのケンカの原因である誤解を解くように努力するような方略は、ポジティブ関係コーピングです。ネガティブ関係コーピングとは、対人

ストレッサーが生じている関係に対して、そうした関係を放棄する、崩壊させるようなタイプのコーピングです。たとえば、上司から、他の人もいる前で、嫌味を言われたような時、その上司に仕返しをしたり、その上司とは仕事上のつき合いしかしないようにしたりする方略です。解決先送りコーピングとは、対人関係で生じる不快な出来事を問題視せず、時間が解決するのを待つようなコーピングです。たとえば、ある友人とのあいだで気まずい思いをしたとします。その友人とのあいだにあった問題は、ひとまず気にとめず、時間が解決するのを待つような方略といえます。青年や成人を対象とした場合、ポジティブ関係コーピングの使用頻度が高いほど、孤独感が低下する傾向があること、ネガティブ関係コーピングを用いるほど、孤独感やストレス反応が増加すること、解決先送りコーピングを用いるほど、孤独感やストレス反応は低下することなどが報告されています。

(森脇　愛子)

読者のための図書案内

小杉正太郎 (2006). ストレスと健康の心理学　朝倉書店：心理学的ストレス研究の最新成果をもとに、健康の促進要因と阻害要因を考察しており、とくに後半は、年代ごとの健康に関わる要因をわかりやすく説明しています。

加藤司 (2008). 対人ストレスコーピングハンドブック—人間関係のストレスにどう立ち向かうか—　ナカニシヤ出版：対人関係のなかで生じるネガティブな出来事は、時に強いネガティブな感情を引き起こします。このような対人関係で生起するネガティブな出来事に対するコーピングについて具体的に記されています。

ディスカッションポイント

(1) あなたが、不安や悲しみ、怒りを感じるような時（ストレスを感じている時）、そのつらさをなんとかしようとしてどのような行動をとるでしょうか。
(2) (1) であげた対処の仕方は、短期的・長期的にどのような効果があるでしょうか。自分自身をふり返って、考えてみましょう。
(3) 対人葛藤、対人過失（対人劣等）、対人摩耗に対して、あなたは、どのように対

処をしているでしょうか，そして，それはどのような結果につながっているでしょうか。みずからの体験をふり返ってみましょう。

【引用文献】

Cannon, W. B. (1935). Stress and strains of homeostasis. *American Journal of Medical Sciences*, **189**, 1-14.

傳田健三 (2008). 小児期の双極性障害 大森哲郎 (編) 専門家医のための精神科臨床リュミエール6：双極性障害 中山書店 pp. 28-37

橋本剛 (2006). ストレスをもたらす対人関係 谷口弘一・福岡欣治 (編) 対人関係と適応の心理学 北大路書房 pp. 1-18.

Holmes, T. H., & Rahe, R. H. (1967). The social readjustment rating scale. *Journal of Psychosomatic Research*, **11**, 213-218.

加藤司 (2007). 対人ストレス過程における対人ストレスコーピング ナカニシヤ出版

Lazarus, R. S., & Cohen, J. (1977). Environmental stress. In J. Wohlwill & I. Altman (Eds.), *Human behavior and environment*. Plenum.

Lazarus, R. S., & Folman, S. (1984). *Stress, appraisal, and coping*. Springer.

ラザルス，R. S.・フォルクマン，S. 本明寛・春木豊・織田正美 (監訳) (1991). ストレスの心理学―認知的評価と対処の研究― 実務教育出版

Sarafino, E. P. (2002). *Health psychology: Biopsychosocial interaction*. 4th ed. NY: John Wiley.

Selye, H. (1936). A syndrome produced by diverse nocuous agents. *Nature*, **138**, 32.

統計数理研究所 (2013). 日本の国民性調査 統計数理研究所 2014年10月30日 〈http://www.ism.ac.jp/kokuminsei/〉 (2014年11月1日)

Chapter

10 インターネット・携帯電話を介したコミュニケーション

　女子大学生のJさんは、普段、SNSを介してクラスメイトの数名と頻繁にやりとりをしています。しかし、ある日風邪をこじらせて、しばらく寝込んでしまいました。SNSでやりとりをしているクラスメイトは、複数のメッセージを送り続け、はじめはJさんのことを心配していましたが、その間Jさんは応答することなく、無反応でした。そのため、しばらくすると、Jさんを除いたメンバーでのみ、SNS上でのメッセージをやりとりするようになりました。Jさんが書いたメッセージには誰も返信せず、話題はすぐに変えられてしまいます。このようなクラスメイトの態度に、Jさんは傷つき、SNSなんて、最初からやらなければよかった……という思いでいっぱいになりました。

1. ≫ 現代社会とインターネット

　21世紀に入り、テレビ、パソコンなどの普及に伴って、文字や、図形、音声、映像といったものが一体となり、情報の加工、蓄積、発信が可能なマルチメディアが主流になってきました。マルチメディアの普及によって人々のコミュニケーションは双方向化され、受け手自身がインターネットを介して情報を発信することもでき、情報の受け手が同時に送り手であるコミュニケーションが展開されるようになってきています。

　インターネットとは、全世界的なコンピュータ・ネットワークのネットワークをいいます（三浦・森尾・川浦, 2009）。インターネットは、ビジネスや学習のための利用や、情報収集、オンラインショッピング、コミュニケーション、ゲ

ーム、日記、動画閲覧などその利用目的は多岐にわたっています。近年ではインターネットが利用できる環境も、モバイル化され、場所や時間の制限を越えて利用ができるようになりました。スマートフォンや携帯電話は、今や現代人の生活や仕事に必要不可欠になっている側面もあり、人とのコミュニケーションにおいてそれらの果たす役割は大きくなってきているといえるでしょう。そして、そうした変化は、現在の人間関係のありようや心の健康にも少なからず影響を及ぼしているのではないでしょうか。

　若い年代においては、ソーシャル・ネットワーキング・サービス（SNS）を使うことで、あらたなネットワークを築いたり、1人暮らしの高齢者同士ではインターネットで友人をつくり、孤独感を癒すなど、インターネットの活用によって新しい人間関係が形成されたり、孤独感や不安を軽減したりといった形で用いられることもあるでしょう。距離や時間の制約を受けずに、いろいろな人たちと容易に交流ができるという側面もあげられます。ですが、その一方で、インターネットによるいじめ（ネットいじめ）や中傷等新しい問題が急増し、被害者のケア、利用者のリテラシーやモラル教育が急務となってきました。このような事態を受けてか、内閣府が全国20歳以上の日本国籍を有する者3,000人（有効回収数1,801人）を対象に調べた「子供の安全に関する世論調査」によると、子どもがスマートフォン（多機能携帯電話）を利用することに「不安を感じる」と回答した人が71.9％に上り、「感じない」と回答した人は、13.5％であったと報告されています。加えて、スマートフォンや携帯電話から片時も離れることができず、勉強や仕事に支障が生じている人たちや、ゲームに熱中して多額の金額をつぎ込んだりする若者たちが増えています。いわゆる、携帯電話、インターネットへの依存の増加です。厚生労働省研究班が2012年に調べた調査結果によると、そうした傾向を示す中高生は推計で約51万8,000人に上り、睡眠や人間関係に悪影響の出ることが指摘されています。若い年代は、相対的に、インターネット上のソーシャルメディアで人とつながるのが得意なのかもしれませんが、その使い方を誤ると、関係の修復や改善の難しい問題へと発展していく可能性が強いことも否定できません。ソーシャルメディアによるつながりが増

えるほど、そして、そうした関係に依存するほど、双方に誤解や食い違いも生じやすくなり、あらたなストレスを生む可能性があるのではないでしょうか。相互の理解や信頼を深め、良好な関係を維持するには、高度なメディア・リテラシーをもち、配慮しながらコミュニケーションを行うと同時に、直接的な対面でのコミュニケーションも大切にしていかなくてはなりません。今後、インターネットはさらに普及し、進化していくと予想されますが、その功罪と利用法をよく理解し、インターネットの波に飲まれてしまわない工夫が必要です。

2. 》 インターネットの利用と心の健康

　時間や空間の制約がなく、多くの人と交流することが可能なインターネット利用は、他者とのコミュニケーションを容易にし、親密な人間関係を築きやすくなる可能性があるといわれています。このようなインターネットの利用と心身の健康との関係について、これまでどのような研究が行われてきたのでしょうか。

（1）クラウトらの研究

　1990年代に行われたクラウトらの**インターネット・パラドックス**についての一連の研究は、対人コミュニケーションを促進するはずのインターネットが、かえって利用者の対人関係や精神的健康を損なうという矛盾（パラドックス）について調べています。

　クラウトら（Kraut, R., et al., 1998）は、インターネットを導入する前と後で対人関係および心理的健康について変化を調べました。調査の対象は、米国のピッツバーグ地域に住む256名でした。各世帯にはコンピュータが配布され、無料でインターネットに接続できる環境が整備されました。対象者はいずれも、インターネット未経験者だったので、事前のコンピュータ利用講習を設け、トレーニングも実施されました。インターネットが影響を与える側面として、対人的な関係と心理的健康を取り上げ、それぞれ①家族とのコミュニケーション

（1日に家族と話をする時間）、②近隣、および③遠方の社会的ネットワーク（会ったり話したりしたいと思う自分の居住地区・ピッツバーグ内に住む人と、ピッツバーグ外に住む人の数）、および④ソーシャルサポート（自分が困っている時に援助してくれる人の有無）を尋ねています。心理的健康は、①抑うつ、②孤独感、③ストレッサーの数について、調べました。具体的な内容は、下記になります。

インターネット導入から1年から2年経過後、インターネットを使用するにつれ、家族とのコミュニケーション時間が減少し、近隣の人との交流が少なくなるという変化が見られました。さらに、インターネットを利用するほど孤独感や抑うつが高まることが示されました。この研究に参加した人たちは、家族や友人とのやりとりや、チャットで友だちをつくるなど、コミュニケーションを目的としてより多く利用していました。それにもかかわらず、関係の希薄化が生じてしまうという矛盾をクラウトらはインターネット・パラドックスと呼び、インターネットを通じた相互作用の質が貧しいため、このような状態が起

表10-1 クラウトらの調査で使用された質問項目 (Kraut, R. et al., 1998より作成)

質問内容	質問項目
対人的な関係	
1）家族成員とのコミュニケーション	「家族の各メンバーと1日何分くらい話しますか」
2）近隣の社会的ネットワーク	「月1回以上、会ったり話をしたりする人が、ピッツバーグに何人いますか」
3）より遠方の社会的ネットワーク	「1年に1回以上、会ったり話をしたりしたいと思う人がピッツバーグ以外に何人いますか」
4）社会的なサポート	「転職、新しい仕事を探すことになったとき、忠告を求めることができる人がいますか」などの16項目
心理的健康	
1）抑うつ	「家族や友人が助けてくれても、憂うつな気持ちを振り払うことはできないと感じた」など15項目
2）孤独感	「仲間づきあいがしたくても、そういう仲間がみつからない」などの3項目
3）ストレッサーの数	日常起こるような出来事（例、車が故障した、など）49項目のうち、前の月に経験したもの

こるのではと考えました。インターネット使用により、質の低い相互作用を増加させる一方、対面での相互作用を減少させるために、関係の希薄化を招くのではというのです。この説は仮説ではありますが、正しければ、より質の高い相互作用が可能なアプリケーションの開発や、既存の関係の維持・強化を促進させるような援助団体の育成などを課題としていくべきだとクラウトらは述べています。

　その後の調査により、インターネット利用が心理的健康に及ぼす影響を考える上で、インターネットの利用目的や、インターネット上のやりとりで生じる出来事、個人特性を考慮していくことが不可欠であると考えられるようになってきています。その例として、2006年に米国で行われた大規模調査によれば、インターネット上のコミュニケーションなどで、他者から侮辱や攻撃的なコメントを受けるといった不快な出来事を経験した人は3割を越えていたという結果がみられ（Ybrra & Mitchell, 2008）、このような経験をした人は、怒りや悲しみを感じたことが報告されました（Beran & Li, 2005）。

（2）日本での研究

　日本において、小学生を対象にインターネット利用と精神的健康および社会的不適応との関連を調べた結果から、インターネットの利用時間が長いほど心理的健康が損なわれるという単純なものではなく、どのような目的で利用をしているかによって、心理的健康が低くなることもあれば、高くなることもあることが示唆されました（高比良，2009）。高比良（2009）は、インターネットを利用することそのものというよりは、そういったインターネット上のコミュニケーションなど**インターネット利用上の不快な出来事**（インターネット利用の際に起こるストレスフルな出来事や不快な出来事）を経験することが、攻撃性の悪化、抑うつの悪化につながっている可能性を指摘しています。河地・森脇（2012）は、インターネットでの他者とのやりとりなどで生じる不快な出来事について、インターネット利用の際に生じる不快な出来事の頻度を測定する尺度を作成し、ストレス体験と抑うつ感情とのあいだに、正の相関関係を見出し、その上で、

因果関係にふみ込んだ研究により、メカニズムを検討していく必要性を論じています。今後の詳細な検討によって、心理教育など予防的介入などに結びつく知見が得られることが望まれます。

3. ≫ インターネットへの依存

　インターネットの普及に伴い、近年、日常生活に支障をもたらすようなインターネットの過度の利用が社会的な問題となっています。オンラインゲームのやり過ぎや、友人とのメールのやりとりに没頭しすぎたせいで、睡眠不足になったり、寝坊して授業や仕事に遅れたり、といった経験のある人もいるのではないでしょうか。こうした状態は**インターネット依存**（Internet dependency）と呼ばれています。インターネットへの依存では、寝食を忘れてインターネットにのめり込んだり、インターネットの利用を止められないと感じたりします。インターネットに精神的に依存し、社会生活を円滑に営むことが困難となる社会的不適応に陥った状態と定義されています（Young, 1998）。インターネットのゲームやチャットに依存している中高生は全国で推計51万人に上ることが厚生労働省の調査からわかりました。厚生労働省研究班は、以下の8項目中5項目が該当すれば「依存状態」と判定しています。あなたは何項目あてはまるでしょうか。

① ネットに夢中になっていると感じる
② 満足を得るため、ネットを使う時間を長くしなければならないと感じる
③ ネット使用を制限したり時間を減らしたり完全にやめようとして失敗したことがたびたびある
④ ③をした時に、落ちつかなくなったり、イライラなどを感じたりする
⑤ はじめに思っていたよりも長い時間オンラインの状態でいる
⑥ ネットによって、大切な人間関係、学校、部活のことを台無しにしたことがある
⑦ ネットへの熱中のし過ぎを隠すため、家族や先生たちにうそをついたこ

とがある
⑧ 罪悪感や不安、落ち込みといった嫌な気持ちから逃げるためにネットを使う

　このチェックリストは、ヤングが作成した項目を独立行政法人　国立病院機構　久里浜医療センターが翻訳し、それをもとにして作成が試みられたものです。こうした状態に陥ることが、離婚や、家族関係の崩壊といった問題のほか、落第・留年など学業不振や仕事・育児の怠慢などといったさまざまな影響をもたらしていることが報告されています。また、ヤング（1998）は、インターネットにのめり込むあまりに、家族を顧みず、夫に離婚を宣告され、子どもともコミュニケーションがとれなくなってしまった女性がいることを指摘しています。

　インターネットへの依存という側面は、精神疾患の標準的な診断マニュアルであるDSM-5（APA, 2013）では、「今後の研究のための病態（Conditions for Further Study）」で、「インターネットゲーム障害（Internet Gaming Disorder）」として、はじめて取り上げられました。DSM-5によると、ゲームに対する制御の欠如の進行性、耐性、および離脱症状など、認知、行動面での一連の症状につながるような過剰かつ長期化するインターネットゲーム使用の様式です。物質関連障害と同様に、インターネットゲーム障害をもつ人は、他の活動は無視するにもかかわらず、ゲーム活動に関わり続けます。典型的には1日8時間から10時間以上、活動に向けられ、もしゲームを禁じられたら、イライラし、怒ることがあるといいます。しばしば、食事や睡眠もとらずに長い期間を過ごし、学業や仕事、あるいは家庭における通常の果たすべき義務がおろそかにされてしまうのです。インターネットゲーム障害は、公衆衛生上の重要性をもち、さらなる研究によって、今後、独立した障害とするに値するという証拠につながる可能性が、DSM-5においても指摘されています。

（1）インターネット依存につながる心理的要因

　では、インターネットへの依存は、なぜ生じてしまうのでしょう。こうした

インターネットへの依存がなぜ起こるのかについて、詳細な検討が待たれますが、これまでいくつかの可能性が指摘されてきました。その1つが、現実逃避です。人間関係や仕事、成績などに問題に抱えている現実生活から、一時的にでも解放され、逃避したいがためにインターネットにはまってしまい、依存するというものです。ヤングは、「彼らにとって、逃避の1つの形態であり、オンラインは悩みを忘れさせてくれる大切な場所なのだ」と述べています。そのほか、インターネットのもつ「匿名性の高さ」といった性質をもつコミュニケーションに楽しさ・満足を感じることで、依存するというものがあげられます。

ある東京都内の家事手伝いの女性は、オンラインゲームに依存していた中学、高校時代をふり返り、「依存はよくないと思うが、あの時逃げ場がなかったら、もっとつらかったと思う」「ただ楽しいだけでは、それほどはまらないのでは。いじめや家庭環境など、依存には何か理由があると思う」、そして、いじめに加え、両親の不仲や孤独感も影響していたと述べています（東京新聞2013年8月17日朝刊）。「ネットゲームを絶対悪として突き放すのは、逃げ場にしている子にとっては逆効果」として、絶対悪視をすべきでないとも言います。

インターネットや、ネットゲーム、SNSなどへの依存における、心理的背景については、今後、より詳細な検討が必要でしょうし、現実的な対処にとどまらず、家族間、親子間で十分に会話をすることも大切なのではないでしょうか。

(2) インターネットへの依存と対策：今後の展望

インターネットへの依存の対処として、ヤングは、個人的に成功したケースを中心に6つの方法を紹介しました。その内容を次の表に示します。

韓国では、全国に数百ヵ所のカウンセリングセンターや24時間体制の電話相談などがあり、電子メディア持ち込み禁止の寄宿治療「レスキュースクール」の取り組みもみられます。これは、2週間近くの泊まり込み生活で、スポーツや工作といったプログラムを中心に楽しみ、規則正しい生活を送ることで、ネット依存を治す効果が上がっているといいます。米国では、13歳の息子にスマ

表10-2　インターネット依存に対する対策

① ネットに割いている生活時間を把握し、1日のスケジュールを決めなおす。
② 目覚まし時計など、接続を抑制するような外部刺激を用いる。
③ どのチャットにするかなど、その日に何をするかを明確に決める。
④ 禁酒のように、まったく接続しないことを試みる。
⑤ インターネットをすることで生じる問題と、やめることによる利益をそれぞれ5つずつ書き出す。
⑥ インターネットをするようになってからの日々の活動を列挙し、それらの重要度を評定する。

ートフォンを渡す時、母親が作成した契約書「スマホ18の約束」が話題になったことから、日本の事情に合わせた翻訳版が作成されました。具体的には、「相手に面と向かって言えないことはメールでもチャットでも言わない」「なんでもかんでも写真や動画を撮ろうとしない」などの18ヵ条になります。子どもと向き合って話すことの大切さも指摘されています。

さらに、日本では、ネット依存治療の専門機関である国立病院機構久里浜医療センターにおいて、生活リズムを整える認知行動療法プログラムのほか、通院中の子どもがネットなしで1日を過ごすデイケアが始められており、その効果が期待されています。

4. ネットいじめ

(1) ネットいじめとは

ネットいじめとは、①直接相手を中傷する内容のメールを送る、②本人になりすましてインターネット上での活動を行う、③掲示板など誰もが閲覧可能なサイトに相手の名誉を傷つけるコメントを投稿する、②オンラインゲーム上での誹謗・中傷といった行為を指します（文部科学省，2008）。中学生に対する調査（内海，2010）によると、ネットいじめ加害のみの経験者は8％、いじめ被害のみの経験者は7％、両方経験者は18％という結果でした。どちらが先に始まったか等は明らかではないですが、全体の約3割の中学生はネットいじめの経験があることになります。文部科学省（2013）は、「いじめとは、児童等に対して、

当該児童等が在籍する学校に在籍している等、当該児童等と一定の人的関係にある他の児童等が行う心理又は物理的な影響を与える行為（インターネットを通じて行われるものを含む）であって、当該行為の対象となった児童等が心身の苦痛を感じているものをいう」といじめ対策推進法案で明示しました。加えて、心身の健全な成長および人格の形成に重大な影響を与え、生命または身体に重大な危険を生じさせるおそれがあることに鑑み、いじめを受けた児童生徒の教育を受ける権利が侵害されないよう、いじめ防止のために総合的かつ効果的に、早期解決を目指すことを示しています。ネットいじめだけを対象に支援の介入を行うのではなく、コミュニケーション全般にわたって介入する必要があることが示唆されています。

(2) ネットいじめと対策：今後の展望

文部科学省（2012）が行った児童生徒の問題行動等生徒指導上の諸問題に関する調査によると、いじめ認知件数全体のうち高等学校が14.5％を占め、小学校・中学校と比較しても件数が一番多く、校種が上がるにつれて増加傾向にあることが示されます。近年では、パソコンや携帯によるネット利用以外に、あらたにSNSなどがそのツールとして生徒に使用されるようになり、トラブルが増加しています。

また従来のいじめである伝統的いじめとネットいじめの関連については、重複しているケースが報告されています（内海，2010）。伝統的ないじめの被害者はネットいじめの被害にあう可能性が高い傾向にあるともいわれています（青山，2011）。学校の現場におけるスタッフの役割、家庭の役割が今後もますます重要になってくることでしょう。そして、インターネット、メール、SNS、LINE等の使用を禁止するのではなく、使用に際しての倫理観等を含め、学びの機会を与えること、コミュニケーションスキルの向上を図ることが求められるのではないでしょうか。

米国、オーストラリア、イギリスなどでは、ネットいじめに対する取り組みが行われており、たとえば、オーストラリアでは政府をあげてその開発運営が

推進され、小学生向けにインターネット上のマナーなど、中学生向けにはネットいじめやネット上の犯罪や手口を学び、自衛の方法といったネットリテラシーの向上が中心のプログラムが構成されています（青山, 2011）。米国では小学校からクラスレベルで行えるカリキュラム、アクティビティ、DVDなどさまざまなツールの開発が進められつつあります。

（森脇　愛子）

読者のための図書案内

三浦麻子・森尾博昭・川浦康至（2009）．インターネット心理学のフロンティア―個人・集団・社会　誠信書房：日本における最新のインターネット心理学研究が紹介されています。「個人」「対人関係」「集団」「社会」の視点からわかりやすく説明されています。

ディスカッションポイント

（1）あなた自身の経験をもとに、インターネット・携帯電話を介したコミュニケーションのメリット・デメリットについて考えてみましょう。
（2）インターネットや携帯電話（スマートフォン）に依存することを予防するための工夫としては、どのようなことが考えられるでしょうか。

【引用文献】

青山郁子（2011）．いじめ研究・対策の先進国　オーストラリアとヨーロッパ諸国でのネットいじめへの取り組み　加藤寛之編　現代のエスプリ　ぎょうせい　pp. 168-176

American Psychiatric Association (2013). *Diagnostic and statistical manual of mental disorders.* 5th. ed. Washington D.C.: Author.

Beran, T., & Li, Q. (2005). Cyber-harassment: A new method for an old behavior *Journal of Educational Computing Research,* **32**, 265-277.

河地由恵・森脇愛子（2012）．大学生におけるインターネット利用上の不快な出来事（ストレス体験）尺度の作成　帝京大学文学部心理学科紀要, **16**, 1-10.

厚生労働省（2012）．平成24年度厚生労働科学研究費補助金循環器疾患等生活習慣病対策総合研究事業　未成年者の喫煙・飲酒状況に関する実態調査研究

Kraut, R., Patterson, M., Lundmark, V., Kiesler, S., Mukophadhyay, T., & Scherlis, W. (1998).

Internet Paradox: A social technology that reduces social involvement and psychological well-being? *American Psychologist*, **53**, 1017-1031.

三浦麻子・森尾博昭・川浦康至（2009）．インターネット心理学のフロンティア―個人・集団・社会　誠信書房

文部科学省（2008）．「ネット上のいじめ」に関する対応マニュアル・事例集（学校・教員向け）初等中等教育局児童生徒課

文部科学省（2012）．平成23年度児童生徒の問題行動等生徒指導上の問題に関する調査

文部科学省（2013）．いじめ対策防止対策推進法の公布について

内閣府（2013）．国民生活に関する世論調査　内閣府大臣官房政府広報室

高比良美詠子（2009）．インターネット利用と精神的健康　三浦麻子・森尾博昭・川浦康至（編）インターネット心理学のフロンティア―個人・集団・社会　誠信書房　pp. 20-58.

東京新聞（2013）．2013年8月17日朝刊

内海しょか（2010）．中学生のネットいじめ、いじめられ体験―親の統制に対する子どもの認知、および関係性攻撃との関連―　教育心理学研究，**58**，12-22.

Ybarra, M. L., & Mitchell, K. J. (2008). How risky are social networking sites? A comparison of places online where youth sexual solicitation and harassment occurs. *Pediatrics*, **121**, 350-357.

Young, K. S. (1998). *Caught in the net: How to recognize the signs of internet addiction, and a winning strategy for recovery.* John Willey & Sons.

第Ⅲ部 社会における心の健康

Chapter

11 大学における心の健康

学生がかかりがちな精神疾患と対処法

大学生時代がいろいろな精神疾患にかかりやすい時期であることはご存じでしょうか。はつらつとした表情や若さからは想像しがたいかもしれませんが、さまざまな調査がこのことを示しています。このような現状に対し、何も援助の手が差し伸べられていないわけではありません。学生相談をはじめとする個別相談は、実際に心の健康を害してしまった時やその初期段階において役に立ちます。個別相談を受けるにはみずから援助を求めなくてはならないこと（援助要請すること）が必要ですが、援助要請には利得だけでなくコストもあり、援助要請をためらうことも少なくありません。そのため、最近では、心の健康を害したり問題に遭遇したりしないようにする予防的な取り組みもさかんになってきました。本章では大学生の心の健康を取り上げ、キャンパスにおける予防活動としてどのようなものがあるかを見ていきます。

1. ≫ 大学生を取り巻く問題

（1）青年期のメンタルヘルス

大学生は心の健康が不安定になり、精神疾患にかかりやすくなる年代といわれています。その代表的なものを、DSM-5（APA, 2013）を参考にみていきましょう。

うつ病はコラム②で説明した病気ですが、若者でとくに生じやすく、米国の調査では18～29歳までの有病率は60代以上に比べて3倍とされています。また、

青年期早期以降では女性の有病率は男性の1.5〜3倍です。

　第3章で取り上げた**摂食障害**（神経性やせ症、神経性過食症）は、通常青年期に好発し、思春期以前や40代以降での発症は稀です。男女比については、1：10程度と考えられています。

　第4章の**対人不安**も若者に特徴的です。DSMには「対人不安」という診断名はなく、**社交不安症**が該当します。青年期というよりは思春期に生じやすく、青年期以降の有病率は下がっていきます。男性よりも女性に生じやすいとされています。社交不安症とともに、不安症群の含まれる**パニック症**も若者に多い病気です。パニック症は、急に激しい恐怖または不快感に襲われるとともに、動悸、発汗、身震い、窒息感、胸痛、吐き気やめまいが発作のように現れる**パニック発作**を経験し、1ヵ月以上継続した状態です。米国では発症年齢の中央値が20〜24歳で、男女比は1：2とされています。パニック発作は何の前触れもなく現れますので、経験した人は、人前でどうかなってしまうのではないかと不安になったり、このまま死んでしまうのではないかと考えたりすることもあります。そのため、一人で外出することが怖くなり人ごみや公共交通機関の利用を回避することもあり、結果として**広場恐怖症**と呼ばれる病気に発展する可能性もあります。広場恐怖症も青年期後期に発症しやすく、男女比は1：2です。

　強迫症は、考えないようにしても自分の意識のなかにわき上がってくる考え（**強迫観念**）に苦しむ病気です。たとえば、「手が汚れているのではないか、ばい菌がついているのではないか」とか「カギを閉め忘れたのではないか」というような考えが意識されます。これらの考えは、手を石けんでよくあらったり、カギがかかっていることを確認したりすれば、通常は容易に消えます。しかし、強迫症の人では、そのような行動をした後でもこういった懸念が消えず不安になるため、不安を打ち消すための行動をくり返します（**強迫行為**）。強迫症には、意味はなくても儀礼のようにある行為をし、そのやり方が間違っていると最初からやり直すなどして、実生活に影響が出るものもあります。たとえば、道を歩くと電柱の数を数えてしまい、数え間違いがあると感じれば、最初からやり直すような場合です。強迫症も青年期を中心に発症しやすく、35歳以降の発症

は珍しいとされています。男女差は顕著ではありません。

　統合失調症も、若年に発症することの多い病気です。統合失調症には、いくつかの症状が含まれていますが、大きく**陽性症状**と**陰性症状**に分けられます。陽性症状とは、人が普通もたない異常な心理現象のことで、幻覚、妄想、自我障害が含まれます。幻覚は実際には対象がないのに何かが知覚されることで、幻聴や幻視が代表的です。妄想は、他者から説得されても訂正されない強固な誤った考えのことです。自我障害とは、自分の考えが他者につつぬけになったり、誰かに操られていると感じたりする体験のことです。陰性症状とは、陽性症状とは逆に、普通の心理機能が減少したり欠落したりする症状のことで、感情の平板化、意欲欠如が代表的です。感情の平板化とは、自然な喜怒哀楽の感情に乏しくなること、意欲欠如とは自発的な目的に沿った行動が減少することです（例：長い時間ずっと座ったまま、仕事や社会活動への参加に興味を示さない）。

　精神疾患の種類ではありませんが、引きこもりも若者に多い状態です。引きこもりとは、厚生労働省によると「仕事や学校に行かず、かつ家族以外の人との交流をほとんどせず、6か月以上自宅に引きこもっている状態」と定義されます。

（2）大学生のストレッサー

　前項では大学生にかぎらず青年期においてさまざまな精神疾患が生じやすいことを述べましたが、大学生においても精神疾患が生じやすい傾向はほぼあてはまると思われます。たとえば、大学1年生116名を対象とした面接調査（友田ほか，2000）によると、調査対象となった新入生の約半数が、DSMのうつ病の診断基準を満たす状態を（入学以前も含む）過去1年のあいだに経験していました。また毛利ほか（2004）は、4年制大学、短大、専修・専門学校の学生2,700名以上に質問紙調査を実施し、これら対象者の精神的健康は、同様の方法で調査をした教員や勤労者に比べてよくないことを報告しています。

　精神疾患の発症はストレッサーの存在と大いに関連していますが、大学生にはどのようなストレッサーがあるのでしょうか。大学に入学すると、生活時間

や生活圏が大きく変化します。とくに親もとから離れて一人暮らしをすれば、その変化は大きくなります。生活上の変化のなかでも学生生活にとって影響の大きいのはアルバイトです。遊興費だけでなく学費を稼ぐためにアルバイトに時間をとられる人もいますが、時給のよい深夜のアルバイトは生活のリズムを乱す原因となります。生活のリズムが崩れると授業を休みがちになり、学ぶ意欲が減退したり、授業についていけなくなったりし、単位を落とすことになります。

　学年が進んでいくと、単位の履修だけでなく、就職活動などキャリア展望が気になります。経済停滞による就職難や就職活動に関する度重なる制度変更も、学生の不安を高めています。

　大学進学に伴う環境の変化は人間関係の変化として現れることもあります。大学進学に伴い、高校時代までの友人関係とは別に、大学で友人関係を築くことになりますが、すべての学生が必ずしも良好な友人関係を築けるとはかぎりません。また、教員との関係が崩れることもありますし、家庭環境の変化によって親子関係が乱れることもあります。

　このように多くの問題に遭遇するにもかかわらず、若者ではそれを解決するスキルや解決に資するリソース（例：支えてくれる人たち、メンタルヘルスの専門家など）が十分利用できないことも、心の健康を害する理由の一つです。高校生までは親の庇護のもとで暮らし多くのストレッサーを経験せず、かつ問題解決のためのリソースが十分でない学生にとって、生活上の諸問題に効果的に対処することは難しいはずです。問題解決のスキルや問題解決のためのリソースを獲得しながら成長するのが好ましいのですが、そのような間もなく、先に述べたような問題が襲ってきます。

　さらに青年期の心理的特徴、すなわち自己への注目を強める傾向が問題を増幅させています（コラム③参照）。自己に注目し自分を知ることは、アイデンティティを確立したり、周囲や社会とうまくつきあっていったりするために必要です。しかし、自己注目は自分を傷つける可能性もある諸刃の剣で、抑うつや不安を高める要因ともなります。

第1節　大学生を取り巻く問題

さて、問題には必ずしもひとりで対処する必要はありません。たとえば友人からは大学生活をおくっていく上でいろいろなサポートを得ることができます（第6章参照）。また、個人的な友人関係のみならず、専門家（例：医師、弁護士）や公的機関（例：各都道府県にある精神保健福祉センター）に相談するという方法もあります。大学生にとってもっとも身近なのは、無料で利用できる学生相談室や保健管理センター（保健室）でしょう。しかし、友人や機関の力を借りる際には「助けて」と自ら援助を求めること（援助要請）が必要です。次の節では、この援助要請についてみていきましょう。

2. 援助要請行動と予防

（1）援助要請行動

　自力だけでは解決できない問題に直面した個人が、問題を解決または軽減しようと他者に援助を求める行動は、**援助要請**行動と呼ばれています。援助要請行動をとるまでの意思決定プロセスを示したモデルを図11-1に示しました（高木, 1997）。①自身に何か問題があることに気づき、②その問題が重大だと判断され、かつ③自分で解決することが難しい時に、④他者に援助要請しようと考えます。この際、援助要請をすること（しないこと）に対する利得と出費（コスト）を分析します。援助要請しない方が得策だと考えると、その問題を仕方なく受け入れることになりますが、⑤援助要請した方がよい場合は誰に頼っていいかを考えます。該当者がいない場合は、再度援助要請の意志決定に戻ります。⑥該当者がいる場合は、その人や機関に援助要請をする方略を検討します。⑦援助要請する方略がある場合は援助要請行動をとりますが、方略がない場合は⑥、⑤または④の段階に戻ります。援助要請を行った場合、⑧それが相手によって受け入れられれば、援助を受けることになりますが、受け入れられなかった場合、⑥、⑤または④の段階に戻ります。図11-1は一つのモデルなので、個々のケースは必ずしもこのモデルに合致しない可能性がありますが、これまでの記述から援助要請行動をとるにはいくつかのハードルがあることがわかるでしょう。

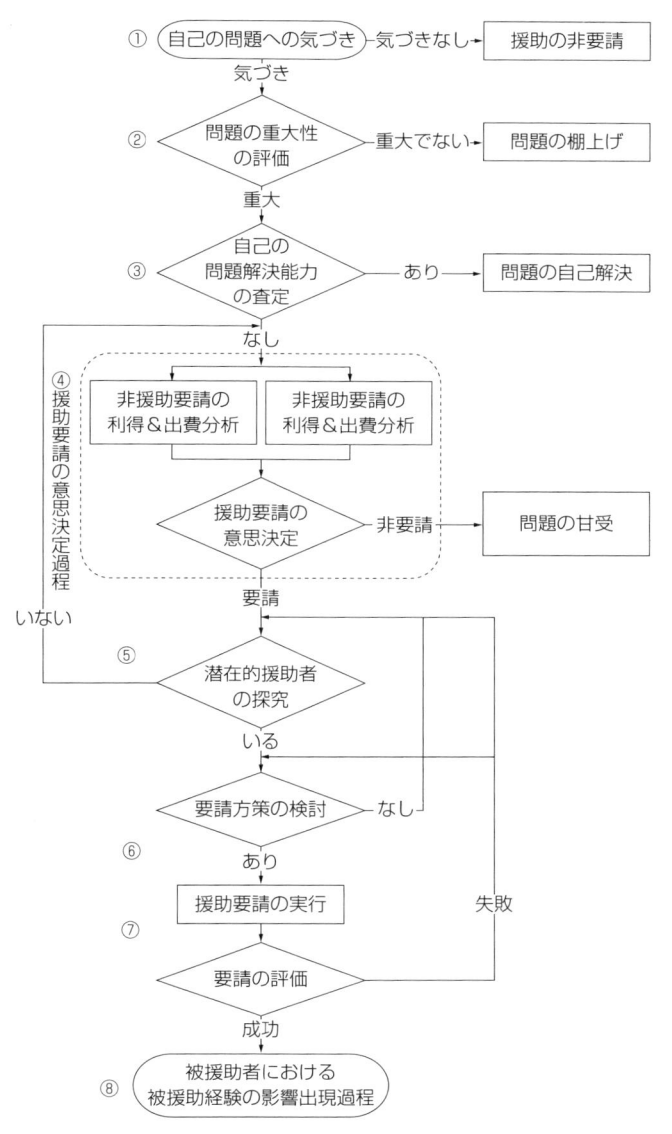

図11-1　援助要請の生起過程モデル（高木, 1997）

（2）予防の概念

　援助要請行動をとるには、いくつかのハードルがあることを述べてきました。これは実際の数値としても現れています。たとえば、日本学生相談学会による調査結果を概観すると、学生相談機関の受診率は３％前後で推移しています。学生は精神疾患にかかったり、いろいろな悩みが襲ってきたりする時期であるにもかかわらず、学生相談機関という専門家への援助要請行動は一般的とはいえない状況です。

　そこで近年、「**予防**」という考えが広まってきています。これは大学だけでなく、（大学以外の）学校、職場、地域という代表的なコミュニティにおいても、さかんに実施されるようになってきています。予防の分類には複数ありますが、ここではリーベルとクラークによる分類（一次、二次、三次予防）を紹介しましょう。**一次予防**（primary prevention）とは、障害・機能低下の発生そのものを予防することです。**二次予防**（secondary prevention）とは、障害の期間を短くすることによって有病率を低下させることです。**三次予防**（tertiary prevention）とは、疾病・障害によって二次的に生じた障害から回復させたり低下した能力を元に戻したりして、社会復帰を促進させることです。

　うつ病の予防を例にすると、心の健康をたもつために、ストレスをためないようにしたり、ストレッサーに遭遇した際、各種のサポートを活用して自分を追い込まないようにしたりするのが一次予防です。そして、抑うつ症状が現れ生活するのがつらくなってきた時に、うつ病にかかっているかを疑い、早目に専門機関（病院、学生相談室や保健管理センターなど）に相談に行き、発見・治療してもらうのが二次予防です。うつ病にかかると、職場や学校に行くのがつらくなったり、家事を十分こなせなくなったりします。こういった障害や能力の低下は、抑うつ症状が低減した後でも続くことがあります。たとえば、職場に通って仕事に慣れるようになるまでには時間がかかります。そこで、職場（学校・家事）へ復帰するための訓練を受けることがあります。これが三次予防の例です。

　一般的に病気の予防というと、一次予防をイメージするかもしれませんが、「病気の早期発見・早期治療」という言い方があるように、二次予防の重要性

も見逃せません。多くの学校では、4月に健康診断が行われますが、これはさまざまな病気を早期に発見し治療することを目的の一つにしており、二次予防活動といえます。ただし、精神疾患については、身体的な疾患と違って、血液分析やレントゲン撮影などの物理的な検査で発見することは困難です。精神疾患は主観的な訴えが大きいので、二次予防は質問紙を使ったスクリーニングが重要になります。すなわち、自己記入式の質問紙に答えてもらい、その得点をもとに精神疾患の有無を予備的に判断し、後に専門家による診察を受けて精神疾患があるかどうかを判断してもらいます（第13章で紹介する新潟県松之山町の自殺対策ではこのような取り組みをしました）。あるいは、精神疾患に関する情報をもとに本人が病気であることを疑い、専門機関を受診して精神疾患の有無を判断してもらうことになります。病気の存在に本人や周囲の人が気づくことが早期発見・早期治療のためには有効なので、（精神疾患にかぎらず）病気に関する正しい知識を提供する啓発活動もさかんに行われるようになってきました（例：ホームページなどを使った情報提供）。

3. ≫ キャンパスにおける予防

　学生の心の健康については、以前は、学生相談室や保健管理センターが相談（カウンセリング）を受け付けるという形で対応してきました。もちろん、カウンセラーと学生が一対一で話をすることは、学生生活でなんらかの問題を抱え悩んでいる学生にとっては重要なことです。相談の内容も、青年期特有の自己に関する悩みだけでなく、単位取得や就職活動、友人や指導教員との関係まで多様であり、個別の相談は欠かせません。相談を受けるためには、学生相談室や保健管理センターに出向いて相談を申し込むこと（援助要請行動）が必要ですが、すでに述べたように、専門家への援助要請行動がさかんに行われているわけではありません。

　そこでキャンパスにおいても予防という考え方が広がってきています。ここではいくつかの取り組みを見ていきましょう。詳しくは、西河・坂本（2005）

や坂本ほか（2010）を参照して下さい。

（1）学生相談機関による取り組み

　相談に訪れた学生に対し、個別で相談にのることが学生相談機関の主要な業務ですが、予防的、啓発的な目的をもつ活動も行われています。たとえば、非構成的エンカウンター・グループ（basic encounter group）や構成的グループの活動です。非構成的エンカウンター・グループとは、ロジャーズのクライエント中心療法の原理を適用した小グループによる集中的グループ経験のことで、心理的成長を目指します。通常、ファイシリテーター1、2名と参加者8～12名から構成され、泊まりがけ（2泊～5泊）で行われます。あらかじめ話題を決めない自由な話しあいを中心に過ごし、そのなかで一人ひとりが対等の立場で、受容的な雰囲気のなかで心を開いて率直に真実を語りあいます。構成的グループとは、グループ活動の過程を段階的に設定した試みです。

（2）授業における啓発活動

　授業は予防的な実践をする際に有効な場といえます。それは授業に多くの学生が出席するので、情報提供をする場として適しているからです。たとえば、学生相談を担当している教員が授業を担当し、心の健康に関する講義をするとともに、学生相談室の紹介をするという活動があります。学生相談室への援助要請行動には、学生相談に対するイメージが関連しています。そこで学生相談室の教員が潜在的な利用者である学生に直接顔を見せ話をすることで、学生相談室への親近感が高まったりイメージがよくなったりして、相談の敷居が下がることが期待されます。また、(1)のような課外活動をする場合、その集まりに参加すること自体を懸念してしまう人もいるかもしれませんが（例：自己啓発セミナーに参加していることを友人に知られたくない、というような懸念）、授業に出ることは、単位修得という目的もあるので、このような抵抗感は少ないでしょう。

（3）心理学の授業における一次予防

　心理学で教える内容のなかには、自己や社会、およびその関係についての理解を深めさせるものがあります（本書もその目的をもっています）。知識として理解してもらうだけでなく、実践的に自己や周囲の人の心の健康を考え、健康度を高めることを目的とした授業も展開されています。たとえば、坂本と及川のグループは、ネガティブな出来事を経験するなどして抑うつに陥りそうな時に、抑うつがひどくならないですむような対処の仕方を身につけさせることを目的とした授業を行ってきました。社会心理学では、原因帰属（第2章）、自己注目（コラム③）、ソーシャルサポート（第6章）、ソーシャルスキル（第7章）、自己開示（第8章）など、心の健康に直接関連する研究領域があります。そこで、認知行動療法の考え方を導入し、これらの社会心理学概念について学習しつつ、自分と周囲の心の健康を実習形式で学ぶという構成になっています。一連の授業を受ける前後で比較したところ、抑うつにうまく対処できるという自信（抑うつ対処の自己効力感）が有意に高まっていることや、この授業を受けていない統制群と比べても有意な差が生じていたことが示されました（例：及川・坂本, 2009；坂本ほか, 2010）。

（4）HPやチラシなどによる啓発活動

　心身の健康を維持するためには、精神疾患にかぎらず病気に関する知識をもってもらうことが重要です。また、学生はトラブルに巻き込まれたのが原因で、心身の調子を崩すことがあります。学生が巻き込まれるトラブルには、架空請求、訪問販売、資格商法、宗教の勧誘、ストーカー、薬物などさまざまです。それらに対して事前に注意を喚起しておくことも重要です。大学では、ホームページや学内に配布されるチラシやポスターなどで啓発活動を行っています。

（5）教員による働きかけ

　教員も学生の心の健康を支援しています。大学によって制度が異なりますが、クラス担任や学生が所属するゼミの教員は、学生からのさまざまな相談にのる

ことができる存在です。学生からの相談に対応するための時間である「オフィスアワー」は多くの大学で設けられています。教員との交流は、学生による大学満足度評価と正の関連があると報告する研究もあります。

（6）ピアサポート活動

これまでに述べたものは、教員や職員の立場からの予防活動ですが、学生のもつ悩みを学生の立場からサポートしようという活動もあります。それがピア・サポート活動です（「ピア（peer）」とは、年齢・地位・能力などが同等の者のことで、同僚、同輩、仲間などと訳されます）。ある大学では、ピアサポート制度を立ち上げました。一定期間、専門家による指導を受けた後、ピアサポーターに任命されます。ピアサポーターは、授業の空き時間などにピアサポート室に待機し、学生からの相談を待ちます。相談は心理的内容にかぎらず、単位修得など学生生活全般に及んでいます。相談内容によってより専門的な援助が必要な場合は、適宜、学生相談室を紹介するようになっています。このような学生目線のサービスも、予防活動の一つとして行われています。

（坂本　真士）

読者のための図書案内

福田真也（2007）．大学教職員のための大学生のこころのケア・ガイドブック　金剛出版：タイトルの通り、学生相談に関わるカウンセラーや医師、大学教職員にとっての入門書ですが、心理学を専門に学ぶ学生にとっても心理学的な知識を学ぶことができ有用です。

ゲアティ・エメリィ　前田泰宏・東斉彰（監訳）（2010）．うつを克服する10のステップ　ユーザー・マニュアル　うつ病の認知行動療法　金剛出版：認知行動療法は、書籍を読んで自分で自分に試してみることができるセラピーの技法です。類書は多くありますが、本書はとくにわかりやすく書かれています。

ディスカッションポイント

（1）通っている大学の学生相談室や保健管理センター（保健室）の場所や開室時間を確認しましょう。それらに対してどのようなイメージをもっているかを学生同

士で話しあいましょう。
(2) 巻き込まれそうになったり実際経験したりしたトラブルにはどのようなものがありましたか。また、それらにどのように対処したでしょうか。考えてみましょう。
(3) 友だちが心の健康を崩しそうになっていると気がついた時、どのように接するのがよいでしょうか。また、自分が心の健康を崩しそうになった時、友だちにどのようにしてほしいでしょうか。話しあってみましょう。

【引用文献】

American Psychiatric Association (2013). *Diagnostic and statistical manual of mental disorders* (5th.ed.). Washington D. C.: Author.

毛利瑞穂・數川悟・竹村祥恵・引網純一・成瀬優知 (2004). A県における学生の精神健康調査 日本社会精神医学会雑誌, **13**, 41-51.

西河正行・坂本真士 (2005). 大学における予防の実践・研究 坂本真士・丹野義彦・大野裕 (編著) 抑うつの臨床心理学 東京大学出版会 pp. 213-233.

及川恵・坂本真士 (2009). 抑うつ対処の自己効力感の向上を目的とした実践に関する効果研究—大学の授業を活用して— 健康心理学研究, **22**, 60-66.

坂本真士・及川恵・伊藤拓・西河正行 (2010). 大学生における精神的不適応予防に関する研究 風間書房

高木修 (1997). 援助行動の生起過程に関するモデルの検討 関西大学社会学部紀要, **29**, 1-21.

Tomoda, A., Mori, K., Kimura, M., Takahashi, T., & Kitamura, T. (2000). One-year prevalence and incidence of depression among first-year university students in Japan: A preliminary study. *Psychiatry and Clinical Neurosciences*, **54**, 583-588.

Chapter 12 職場における心の健康

> 会社員であるLさんは、1ヵ月前に、上司から企画会議でのプレゼンテーションをまかされました。Lさんは、入社以来はじめての大役で、気負いもある一方で、うまくいかなかったらどうしようという不安も強く感じていました。みずから資料を集めながら、準備を進めていましたが、上司に相談したいことがあっても、助けを求めるのは自分の無力さをさらけ出すこと、恥ずかしいことと思い、自分ひとりで乗り切ろうと、連日深夜まで仕事をしていました。プレゼンテーション当日を迎え、いざプレゼンテーションしようとしたその瞬間、Lさんは、突然息が苦しくなり、動悸がして、うずくまってしまいました。

1. 職場におけるストレスの現状

　近年の職場はストレスフルといわれています。不況のなか、会社が生き残るためには、超過労働は当たり前になり、終身雇用も保証されないといった状況のなか、現代の働く人々のストレスは、非常に大きなものになっているといってよいでしょう。さらに、職場内における上司から部下へのパワーハラスメント、同僚から同僚への職場内いじめなど、職場でのストレス因子がより増加していると考えてもよいでしょう。厚生労働省の「労働者健康状況調査」によると、仕事や職業生活に関する強い不安、悩みとなっていることがある労働者の割合は、2007年の調査で58.0％であったのに対し、2012年の時点では、60.9％でした。半数以上が職場生活における不安や悩みを強く感じていることになります。同調査（2012）において、強い不安、悩み、ストレスを感じることがらの内容（3つ以内の複数回答）をみてみると、「職場の人間関係の問題」41.3％

（2007年度38.4％）がもっとも多く、次いで「仕事の質の問題」33.1％（2007年度34.8％）、「仕事の量の問題」30.3％（2007年度30.6％）となっています。さらに、厚生労働省「みんなのメンタルヘルス」では、精神疾患により医療機関にかかっている患者数とそのうちのうつ病者数（　　）内は、1996年218（43）万人、2011年320（96）万人となっています。こうした状況は、企業におけるメンタルヘルス対策が重要課題となっていることを表しているといえるでしょう。

2. ≫ 職場の対人葛藤

対人葛藤（interpersonal conflict）とは、他者とのあいだに意見の不一致や利害の対立が存在し、不快や緊張を感じる状態です。職場における対人葛藤の原因について、大西（2002）は、企業で働く人々423名を対象とする質問紙調査を実施しました。調査では、参加者に、職場内のメンバーを相手に不愉快な思いをしたり、イライラしたりした経験をふり返り、葛藤の原因を選んでもらっています。その結果、選択率の高かった項目は、「礼儀・言葉遣いに関すること（48％）」「仕事に対する姿勢や努力に関すること（45％）」「性格や価値観に関すること（44％）」「業務の説明の過不足に関すること（41％）」「仕事の成績や進行スピードに関すること（32％）」でした。ここから、職場の対人葛藤が、職務上の問題だけでなく、他者との相性や個人的な折り合いからも生じていることがうかがえます。

一般に、職場の人間関係では、対人葛藤は回避すべきものと考えられる傾向があります。実際、職場で争いごとやもめごとが多いと、上司や部下、同僚とのあいだのコミュニケーションが悪くなり、仕事に必要な情報が正確に伝わらなくなったり、歪められたりしやすい状況が生まれます。そうした状況が続くと、仕事がうまく運ばなくなったり、働く意欲を失ったりするメンバーも出てくるでしょう。こうしてみてみると、たしかに対人葛藤はマイナスです。しかし、だからといって業務の遂行上やむをえず生じた対人葛藤まで抑圧しようとすると、職場内のメンバーが開放的でなくなったり、適切な協働作業ができな

くなったり、葛藤が起きそうな問題を常に避けようとするようなことにもつながりかねません。対人葛藤を抑圧することは、一時的にはよいことかもしれませんが、後に問題がこじれることになったり、より困難な問題を引き起こす状況も出てきてしまいます。トーマス（Thomas, 1976）は、対人葛藤はそれ自体が悪いのではなく、それが建設的に働くのか、破壊的に働くのかが問題だと考えました。もし、対人葛藤が建設的に作用した場合、自分や他者、その関係性についての理解を深めることにつながったり、新しい優れたアイディアを生み出す機会となったり、課題や問題点が浮き彫りになり現状を改善するきっかけにもなるでしょう。

3. 人間関係と困難に対処する力

（1）援助を求める力

　日々の社会生活をしていく上で、人は困難に遭遇したり、人間関係で悩んだりすることが少なくありません。そしてそのたびに、問題に対処しながら、日々の生活を営んでいます。困難な問題やストレス状況に対処するには、ソーシャルサポートを活用したり、困難に対処する力を高めたりすることが大切です。ひとりで解決することが困難な場合、まわりの人に援助を求めたり、相談したりすることも有益でしょう。一方で、他者に援助を求めることをためらったり、援助を求めるのは「恥ずかしいこと」で、「無能な人と見られるだろう」と思ったりしてしまう人も少なくありません。例にあげた会社員Lさんもそのような面があるようです。しかし、苦しい時や困った時に他者に「助けて」と言えるのは困難に対処する上で大切な能力であり、問題になんとか対処しようとする意欲や能力があるという見方もできます。人が生きていく上で必要な対人関係能力ともいえるでしょう。援助を求めるためには、自分の抱えている問題や状況をよく把握し、適切な援助者をさがし出したり、具体的な援助内容を伝えたりする、援助要請のスキルが必要となります。第11章でも取り上げられているように、自力だけでは解決できない問題に直面した個人が、問題を解決または軽

減しようと他者に援助を求めることは、援助要請行動と呼ばれています。自身に何か問題があることに気づき、その問題が重大だと判断され、かつ自分で解決することが難しい時に、他者に援助要請しようと考えます。適切な援助要請を行うため、島と佐藤（2007）は次のような点をあげています。①自分ができること、役割や責任のある部分を自覚していること、②他者に援助を求めてもよい部分があることを自覚していること、③自分の状況や気持ちを他者に説明すること、④依頼する、求めるということをみずからの行動でできること、⑤欲しい情報や援助内容を明確にできること、⑥援助に対して、協力・協働的であること、⑦援助に対する感謝の気持ちを十分に表明できること、です。こうした意識やスキルを高め、「助けて」と言える能力の向上を目指すには、主張性訓練（assertiveness training）も有効な方法と考えられます。第5章で述べられていたように、主張性訓練は、他者の気持ちや考え、立場を大事にしつつみずからの気持ちや意見等を相手にはっきりとかつ上手に伝えるための言動・ふるまい方を習得することです。このような主張性訓練は、自己表現のスキルを獲得・向上させ、対人ストレスを軽減し、よりよい関係を築くことにもつながるでしょう。

（2）困難な状況に対処する力：首尾一貫感覚

さまざまな困難な状況に対処するため、**首尾一貫感覚**（Sense of Coherence：以下SOC）も大切といえるでしょう。山崎（2009）によると、SOCとは、自分の生きている世界はコヒアレント（coherent）、つまり首尾一貫している、筋道が通っているという感覚であり、日常の生活や仕事、人生にやりがいや意味があると思えるかどうかという感覚をいいます。ストレッサーから身を守るだけでなく、それを成長や発達の糧、豊かな人生の糧にする健康保持能力であり、対処資源を駆使する能力といわれています。SOCには、把握可能感（自分の置かれている状況がある程度予測でき、説明できるという感覚）や、処理可能感（なんとか処理することができる、という感覚）、有意味感（やりがいや生きる意味を感じることができるという感覚）の3つの側面があり、SOCの高い人は、みずからや人間関係の資源を活用して困難に対処し、健康的でより充実した生活を送ることができる

と考えられています（山崎，2009）。SOCの高い新卒社会人ほど、入社後に職場で友好的ネットワークや情報的ネットワークをうまく構築できることや、SOCの高い人は低い人に比べて、仕事の疲労感が少なく、身体的不調を起こしにくい、不安や抑うつ傾向が低い、欠勤が少ないことも報告されています。また、対人援助職のバーンアウト予防の研究から、SOCの高い人は低い人よりも、抑うつ感やバーンアウトの傾向は低く、仕事を辞めたいという離職意図が少ないこと、自分の気持ちや意見を表現するアサーティブな態度を有し、相談できる上司がいることが示されています。SOCは、後天的に、さまざまな人生経験を通して、学習されていく感覚です。それぞれの生活の場で、1人ひとりのSOCが向上するような環境をつくり出すことにより、困難に対処する力や心身の健康、生きがい感が高まっていくと考えられます。

4. ≫ ストレッサーの低減

　心理面・身体面・行動面におけるさまざまなストレス反応は、ストレッサーの存在やその認知によって体験されます。そのため、ストレス反応に影響を及ぼすストレッサーそのものを取り除くことができ、あるいは体験する頻度や程度を低減することができれば、ストレス反応の体験頻度や強さの低減につながるでしょう。職場においては、たとえば、仕事の量での負担、質での負担、役割のあいまいさ、役割間の葛藤、裁量権の低さ、将来への不安、心理的社会的報酬の低さ、対人関係などが、労働者の心身の健康や仕事・組織への態度、生産性にネガティブな影響を及ぼすといわれています。仕事上で過剰な負荷があれば減らす、あいまいな仕事内容であるなら、内容を明確にするといった具体的な対策は、ストレッサーの除去や低減につながります。そのほか、ストレッサーに対する認知の柔軟性を高めるための認知行動療法なども有益といえるでしょう。

（1）ソーシャルサポートの強化とコーピング力の向上

　ソーシャルサポートは、第6章でも取り上げられているように、私たちの健

康やパフォーマンスの向上に重要な役割を果たしています。職場での管理監督者教育などは、ソーシャルサポートの増強にも有効といえるでしょう。コーピングに焦点を当てたストレス対策では、特定のコーピング方略の使用を推奨するというよりも、むしろストレスフルな場面で使うことのできる方略の多様性（レパートリー）を高め、状況に応じて適切な方略を考え、使い分ける能力（柔軟性）の向上を図ることが目指されています。

（2）ストレス反応の低減

ストレッサーを体験すると、その状況に適応するために自律神経系、内分泌系、免疫系にさまざまな反応が生じます。これら自律神経系の過剰な賦活は身体機能を逆に低下させ、パフォーマンスを低下させることが知られています。したがって、ストレス反応に焦点を当てた対策では、自律神経系の過剰な賦活状態を鎮め、中長期的には、ストレッサーとストレス反応との結びつきを弱めることが目的となりそうです。職場などで行われているリラクセーションは、ストレス反応に焦点を当てたストレス対策の1つといえるでしょう。

（3）管理監督者教育による職場ストレッサーとストレス反応の低減

職場で心の健康づくりを推進するに際しては、管理監督者に対する教育という視点も重要になってきます。第1に、職場のストレッサーの程度は管理監督者によってある程度変化する、という点です。たとえば、職場で従業員が体験する人間関係、仕事の質、仕事の量などのストレッサーは、管理監督者が配慮することで、ある程度低減することや除去することが可能です。第2に、管理監督者は、本来、心理的に不健康な状態の人をより早く発見し、対応するためのキーパーソンです。職場で部下と接する機会の多い管理監督者が、彼らの心身の不調に気づきやすい立場に置かれていることに加え、安全配慮（事業者は個々の労働者の心身の健康状態を把握し、よりよい措置を講ずる）義務を履行する立場に置かれています。

それでは、管理監督者に対する教育では、どんなことが目指されるのでしょうか。管理監督者に対しては、その職場での心の健康の方針・体制を理解する

にとどまらず、管理監督者としての役割を果たすために必要な知識・スキルを獲得することが目指されます。このような目標が達成されることにより、職場ストレッサーの低減や除去につながり、職場でのサポートも上昇することが期待されています。

5. 職場におけるメンタルヘルスとEAP

(1) EAPとは

　EAPとは、Employee Assistance Program の略記であり、日本では、「従業員支援プログラム」と呼ばれる、企業従業員を対象とした支援サービスの総称です。EAPは、心の健康の問題だけでなく、家庭での問題や経済面での問題など、従業員の生活領域の全般にわたる問題の解決を目指し、先進的な企業を中心に導入されているプログラムです。企業とのあいだで契約を取り交わしたEAP事業体が従業員の職場のパフォーマンスを向上させることを目的に、医療的観点も含めた立場から、解決策を提供しています。EAPには、事業場内にEAPサービスを行う心理職などの専門職を置く「内部EAP」と、事業場が外部の機関に委託して行う「外部EAP」があります。外部EAPは、EAPサービスを行う事業場とは異なる機関が事業場からの業務委託を受け、利用者のニーズに応えて心の健康対策を実施します。契約を締結する主体は、事業者、健康保険組合、労働組合、あるいは同業種の団体、同一地域の中小企業団体などです。内部EAPの長所は、作業環境の管理や適正配置など、企業特性に応じた適切なフィードバックができる点です。短所としては、内部スタッフが心理的問題を援助することに抵抗を感じやすく、一定規模以上の事務所でないと費用負担が難しいことがあげられます。外部EAPは、社員が自発的に秘密を保持した形で相談できることが長所であり、短所は、外部機関のため企業の特性にあった対応が難しく、社員への浸透度が低くなりやすい点があげられます。なお、単に「EAP」と呼ぶ場合には外部EAPを指すのが一般的です。

(2) EAP の機能

　2000年、当時の労働省は「事業場における労働者の心の健康づくりのための指針」（一般に「メンタルヘルス指針」と呼ぶ）を策定しました。このなかで、継続的かつ計画的に行われるべき、いわゆる「4つのケア」が示されています。下記の表のように、1．セルフケア、2．ラインによるケア、3．事業場内産業保健スタッフ等によるケア、4．事業場外資源によるケア、となります。

　こうした厚生労働省の企業への働きかけは、ストレス対策によって、近年の不況に伴う企業従業員の自殺の増加を、未然に防ぐことを目指した取り組みといえそうです。2012年に発表された厚生労働省の「労働者健康状況調査」によると、メンタルヘルスケアに取り組んでいる事業所の割合は47.2％であり、前年の43.6％より上昇し、事業所規模別では、300人以上の規模では9割を超えていました。取組内容（複数回答）をみると、「労働者への教育研修・情報提供」（46.7％）がもっとも多く、次いで「管理監督者への教育研修・情報提供」（44.7％）、「社内のメンタルヘルスケア窓口の設置」（41.0％）でした。このような調査結果からも、企業におけるストレスへの関心の高さを知ることができます。EAPは、事業場外資源によるケアに含まれ、事業場内の産業保健スタッフ、心の健康づくりの専門スタッフ（精神科医、心理職など）、人事労務管理担当者でカバーできない部分を補うだけでなく、事業場と一体となってメンタルヘルス対策を計画、実行、検証します。EAPの担うべき機能をあげると、次のようになります（井上, 2013）

①アセスメント、必要に応じての専門機関紹介

　クライエントの悩み、主訴を聴き、アセスメントを行い、適切な支援プラン

表12-1　心の健康づくりに必要な4つのケア

1．セルフケア	従業員自らが行うケア
2．ラインによるケア	管理監督者が行うケア
3．事業場内産業保健	産業医、保健師、心理職等、事業場に属するスタッフによるケア
4．事業場外資源によるケア	精神科医療機関、EAP、精神保健福祉センター、労災病院等によるケア

を作成します。必要な場合には、問題解決に適した手段や制度の利用をすすめ、適切な援助を行います。

②危機介入
クライエントが直面する危機に対して、適切で迅速な介入を行います。自殺・災害等緊急時にも介入を行い、心の健康対策を実施します。

③問題解決のためのカウンセリング提供
対人関係などテーマを絞り、短期間で問題を解決する目的のカウンセリングを行います。長期にわたるカウンセリングや、より専門性の高いカウンセリング（夫婦療法、家族療法など）が求められる場合には、専門機関を紹介することもあります。

④モニタリングおよびフォローアップ
適切なフォローアップを行うと同時に、モニタリングを行います。

⑤組織のリーダー向けの心理教育やトレーニング
組織のリーダーに対して、心の健康対策の意義とEAPサービスの目的や方法、役割を伝えるため、心理教育やトレーニングを行います。

⑥組織リーダーに対するコンサルテーション
組織のリーダー等から、業務遂行における諸問題、行動面または医療上の問題を抱える従業員に対する相談を受け、専門的コンサルテーションを行います。

⑦組織に関するコンサルティングおよびフィードバック
従業員の心身の健康に関わるような職場関連の問題について相談に応じ、アドバイスすべきところはアドバイスし、フィードバックも行います。

⑧プログラムの推進および広報活動
従業員、その家族および管理監督者などがEAPプログラムを抵抗なく利用できるような雰囲気をつくるため、組織の風土・歴史なども視野にいれた広報活動を行います。

⑨メンタルヘルス等に関する情報を発信する
精神医学や心理学に関する情報だけでなく、行政や経済等の動向を含めた最新の情報も発信し、利用者に幅広い知識を提供するとともに、EAPが行って

いるサービスを周知させ、利用の促進を目指します。

⑩心の健康・ストレス教育、EAP有効活用のための教育

講義、グループワークなどを活用し、労働者・管理監督者・人事労務担当者等に対して心の健康やストレスへの対処法に関する知識の提供や、得られた知識を実際に活用できるようになるための教育研修を行います。

⑪事業場内産業保健スタッフ等への教育研修

事業場内の産業保健スタッフ等にも教育研修を行い、心の健康対策を実施するための考え方や実践方法等に関する専門的知識を提供します。

⑫心の健康状態を調べる

定期健診などの機会を利用して心の健康状態を調べ、その結果を個人にフィードバックして不調への気づきを促し、ケースによっては相談や専門の医療機関をすすめます。

このような内容を、適時に適切に提供できる機関は多くはないので、企業側が慎重に選ぶことが求められます。

6. 対人援助職のバーンアウト

（1）バーンアウトとは

医療や教育、福祉など、**対人援助職**に携わる者において、従来から**バーンアウト**の問題が指摘されてきました。バーンアウトは対人援助職者にみられやすく、バーンアウトの症状も多様で、定義や測定尺度も複数あります。代表的な定義は、マスラック（Maslach, 1976）によるもので、「長期間にわたり人に援助する過程で、心的エネルギーがたえず過度に要求された結果、極度の心身の疲労と感情の枯渇を主とする症候群であり、仕事への嫌悪、思いやりの喪失した状態」です。バーンアウトの測定は、マスラックとジャクソン（Maslach & Jackson, 1981）によって開発された、Maslach Burnout Inventory（以下、MBI）が多く用いられます。これまでのバーンアウトに関する研究は、看護師を含めた医療従事者や教師を対象としたものが多く、日本では、たとえば、宗像ら

(1988) が医師、看護師、教師について最初に調査を行い、バーンアウトが日本にも存在していること、とくに看護師や教師に多いことが報告されています。ここでいうバーンアウトの中核的な症状は、MBIに基づくもので、仕事や対人関係のストレスから、意欲を失い疲れ果てた状態を表す「情緒的消耗感」、クライエントと話したり顔を見るのも嫌になったり、クライエントの人間性を尊重できず、思いやりを欠いてしまう「脱人格化」、仕事に対して喜びや楽しさが感じられず、やり終えたという感じがないなど効力感や意欲の喪失に関わる「個人的達成感の低下」です。

（2）バーンアウト対策として

宗像ら（1988）は、ストレス状態にある自分に気づくための自己理解とストレスを緩和するための他者理解の必要性について指摘しています。対人援助職では、互いの言葉や信念、価値観、利害などが異なっていても、仕事の性質上、持続的で、人格的、倫理的、情緒的、有機的かかわりが要求されるという側面があります。そのため、これを克服するために、さまざまな人との相互理解の体験を積み重ねることによって、コミュニケーション回路のチャンネルを多くもつことが不可欠です。クライエントの個性に関心をもち、その人間性を包括的に心理的、社会的反応から見つめていき、看護や治療にいかすことが大切といえるでしょう。人間そのものに興味をもち、心理・身体的レベルで個々人にどのようなケアをすれば、うまくいくのかを考えながら、従事するのが予防的な対処法といえます。また、職場内に限らず、友人や配偶者など、じっくりと話を聞いてもらう人をつくるなども方法として考えることができます。対人援助職の職場環境もバーンアウトの大きな要因であり、個人的対処のみでは難しい点があるかもしれません。カウンセラーの配置や、心理学と医療・看護共同の研究体制による現場に即した情報の提供、研究形式の研修会を設けるなどの取り組みも、今後ますます求められます。

（森脇　愛子）

読者のための図書案内

小杉正太郎（2006）．ストレスと健康の心理学　朝倉書店：心理学的ストレス研究の最新成果をもとに、健康の促進要因と阻害要因を考察し、とくに後半には、年代ごとの健康に関わる要因を説明しています。

田尾雅夫・久保真人（1996）．バーンアウトの理論と実際　誠信書房：対人援助職におけるバーンアウトの理論的研究や調査研究に基づき、どのような因果関係のなかで生起するものか、どのような方策によって低減が可能か説明しています。

ディスカッションポイント

（1）職場で働く人の心の健康を維持・向上するためにはどのようなことが大切でしょうか。

（2）対人援助職でのバーンアウトを予防するためにはどのような工夫が効果的でしょうか。

【引用文献】

井上幸紀（編）（2013）．職場のうつ　こころの科学　No. 169．日本評論社

厚生労働省（2012）．平成24年労働者健康状況調査

厚生労働省「みんなのメンタルヘルス」
〈http://www.mhlw.go.jp/kokoro/speciality/index.html〉（2014年11月1日）

Maslach, C. (1976). Burned-out. *Human Behavior*, **5**, 16-22.

Maslach, C., & Jackson, S. E. (1981). The measurement of experienced burnout. *Journal of Occupational Behaviour*, **2**, 99-113.

宗像恒次・稲岡文昭・高橋徹・川野雅資（1988）．対人専門職のメンタルヘルス対策　土居健郎（監修）　燃え尽き症候群　金剛出版　pp. 132-164.

大西勝二（2002）．職場での対人葛藤発生時における解決目標と方略　産業・組織心理学研究, **16**, 23-33.

島悟・佐藤恵美（2007）．ストレスマネジメント入門　日本経済新聞社

Thomas, K. (1976). Conflict and conflict management. In M. D. Dunnette (Ed.), *Handbook of industrial and organizational psychology*. Rand McNally.

山崎喜比古（2009）．ストレス対処力SOC（Sense of Coherence）の概念と定義．看護研究, **42**, 479-490.

Chapter 13 地域や社会における心の健康

自殺問題の解決に向けて

　ご存じかと思いますが、日本は自殺の多い国です。警察庁の統計によると、2013年1年間の自殺者数は27,283人に上りました。単純に計算すると、1時間に3人以上の人が自殺に追い込まれたことになります。それでももっとも多かった2003年の年間34,427人に比べると2割以上も減っているのですから、以前はいかに自殺が多かったかがわかります。自殺の影響は、まわりの人にも及びます。1人の自殺者に対し、最低6人は大きな精神的ショックを受けると言われています。毎年毎年、多くの人が自殺で亡くなっていることを考えあわせると、自殺が社会全体に与える影響は深刻であり、社会的な対策が必要なことは明白です。自殺する人の個人的な問題でかたづけることはできません。本章では、わが国における自殺の現状について述べた後、地域における自殺対策と、マスメディアの影響に関する研究についてご紹介します。

1. ≫ 地域における心の健康：自殺の現状から

（1）日本と世界の自殺率

　内閣府の出している平成26年度自殺対策白書（内閣府, 2014）をもとに状況をみてみましょう（自殺対策白書は内閣府のホームページからダウンロードできます）。なお、自殺対策白書でも用いられていますが、自殺に関する主な国内統計には、厚生労働省の「人口動態統計」と警察庁の「自殺統計」があります。両者のもっとも大きな違いは、前者は日本における日本人を対象とするのに対し、後者

は日本における外国人も含む総人口を対象としている点です。2013年の自殺者数は、「人口動態統計」では26,433人であったのに対し、「自殺統計」では27,283人でした。ここでは、警察庁の自殺統計を中心にみていきます。

図13-1にあるように、1997年に24,391人だった自殺者数は、1998年に32,863人と8,472人（34.7％）も増加しました。その後は3万人台で推移しましたが、2012年に3万人台を割り（27,858人）、2013年はさらに減少しました。2006年に**自殺対策基本法**が施行され、国や地方自治体をあげて自殺対策に取り組んできたことが、ようやく効果として現れたのでしょう。

図13-2には年齢階級別の**自殺死亡率**の推移を示しました（人口10万人あたりの自殺者数を「自殺死亡率」と呼びます）。2006年までは「60歳以上」として数値を計上していたのが、2007年以降は「60歳代」「70歳代」「80歳以上」に細分化されたため、図が多少見づらいですが、中高年の自殺が一貫して多いことがわかります。ただし、2009年以降自殺者数は減少しているなかで、若い世代（10歳代

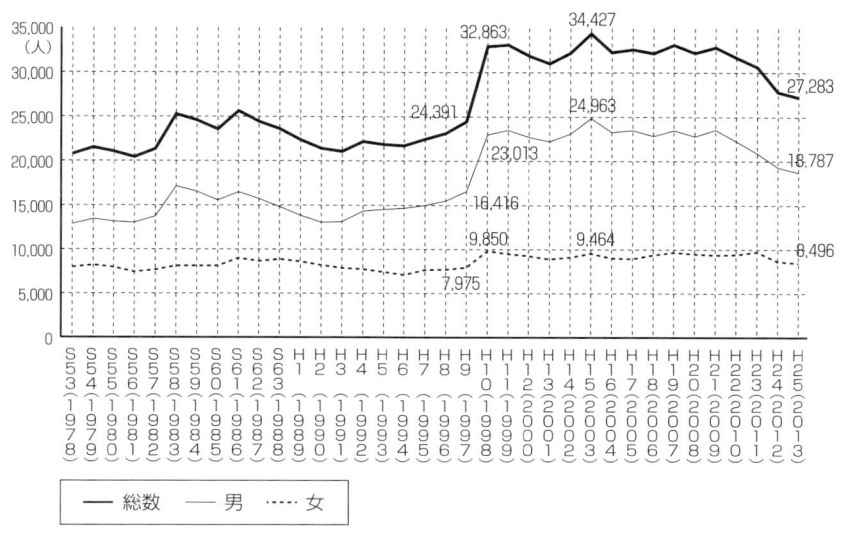

図13-1　自殺者数の推移（内閣府, 2014）

第1節　地域における心の健康：自殺の現状から

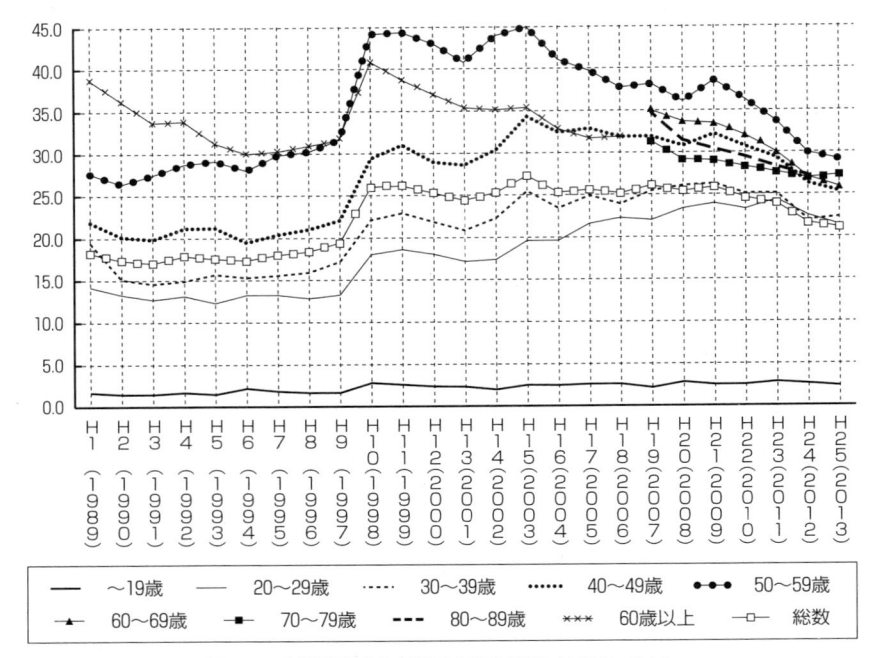

図13-2　年齢階級別の自殺死亡率の推移 (内閣府, 2014)

～30歳代）では横ばいか減少傾向が鈍っているのが気にかかります。

　世界各国との比較をしてみましょう。全世界の自殺死亡数は80万人以上で、その75%は低中所得の国々で起きています（WHO, 2014）。しかし地域や国ごとに自殺率は大きく異なっています。多くの国で、自殺に対する偏見やタブーが存在しているので、自殺者数が過小報告されている可能性もあります。

　自殺率の高い国を順にあげると、北朝鮮（39.5）、韓国（36.6）、ガイアナ（34.8）、リトアニア（33.3）、スリランカ（29.2）、スリナム（27.2）、ハンガリー（25.3）、カザフスタン（24.0）、日本（23.1）、ロシア（22.4）、となっています（WHO, 2014；2012年のデータ）。主要国のなかでは、韓国と日本、ロシアの自殺率が高くなっています。世界的にみても、男性の自殺は女性の自殺よりも1.5～3倍多く、また男女とも高齢者の自殺率が高くなっています。そして、自殺が15歳～

第13章　地域や社会における心の健康

29歳の若い世代での死因の第2位となっており、深刻な状況です。日本では若年層の死因の第1位です。

(2) 原因・動機別にみた自殺の現状

次に、日本国内に限って、自殺の原因や動機についてみていきましょう（内閣府, 2014）。図13-3に2006年までの原因・動機別自殺者数の推移を示しました。これをみると、健康問題、経済・生活問題が原因となっているようです。とくに、1998年以降は、経済・生活問題が原因とされる自殺が多いと思われます。ただ、この統計では、自殺の原因を1人につき1つに絞っている点に問題があ

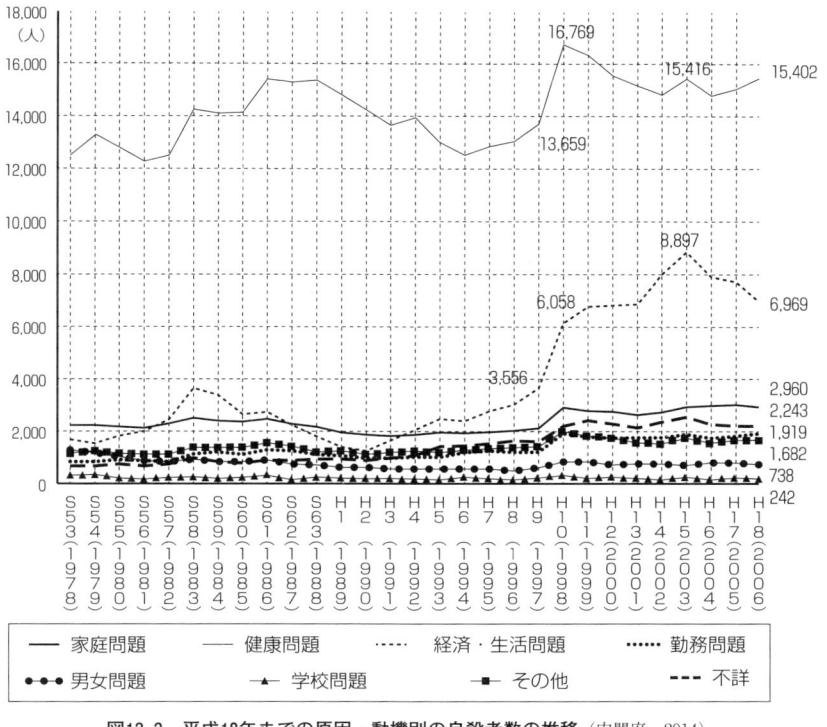

図13-3　平成18年までの原因・動機別の自殺者数の推移（内閣府, 2014）

第1節　地域における心の健康：自殺の現状から

りました。1つのことだけが原因で自殺することはほとんどありません（心理学的剖検のところで詳しく述べます）。そこで、2007年からは遺書などの自殺を裏づける資料により明らかに推定できる原因・動機を、1人につき3つまで選択可能なように変更されました。2007年以降の変化を示した図13-4をみると、健康問題、経済・生活問題が多い点は変わりませんが、2番目に多くあげられていたのは「不詳」でした。また、2009年以降、経済・生活問題が一貫して減少している点も注目されます。

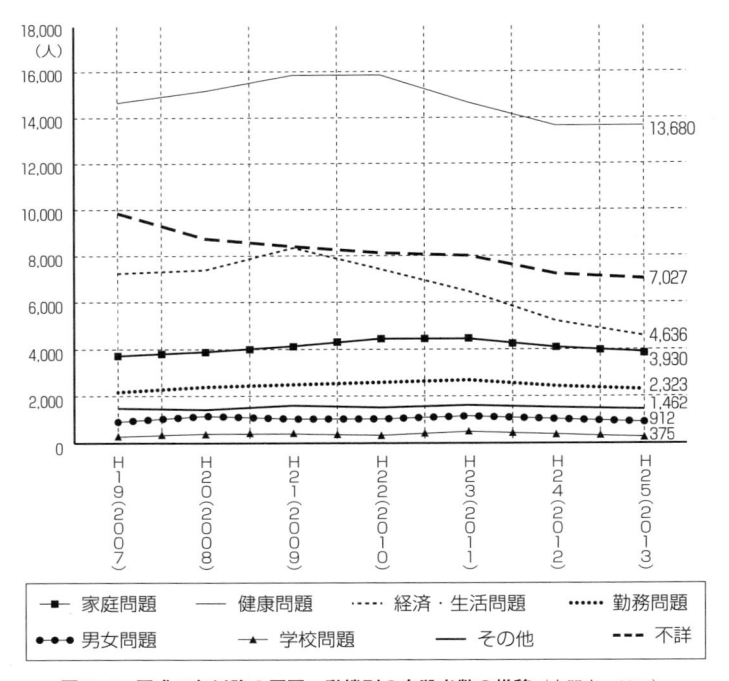

図13-4 平成19年以降の原因・動機別の自殺者数の推移 (内閣府，2014)

注）平成19年に自殺統計原票を改正し、遺書等の自殺を裏づける資料により明らかに推定できる原因・動機を1人につき3つまで計上することとしたため、原因・動機特定者の原因・動機別の和と原因・動機特定者数とは一致しない。したがって、18年以前との単純比較はできない。

第13章 地域や社会における心の健康

2. ≫ 社会的認知と自殺

　自殺について、「自殺はみずから死を選んだのであり、"覚悟の上の死"である」とか、「本人の問題だ」などと考える人もいると思います。このような認識は妥当なものか、社会心理学の「**社会的認知**」から考えてみましょう。

　まず、「自殺は"覚悟の上の死"」なのでしょうか。これまでの研究によると、気分は認知に影響を与えます。これは**気分一致効果**と呼ばれる現象で、特定の気分が生起すると、その気分のもつ評価的性質（ポジティブ対ネガティブ）に一致する記憶や判断、ひいては行動が促進される現象と定義されます。つまり、気分が落ち込んでいる時は、ネガティブな記憶や判断、行動が促進されることになります。また、自殺をする人の多くが強い抑うつ気分を経験しているといわれていますが、抑うつ気分が強くなっている時には、ベックによるうつ病の認知理論で述べられているように、自己や社会に対する認知がネガティブに歪んでいます。たとえば、**全か無かの思考**（物事は完璧か悲惨かのどちらかしかないという考え）、**恣意的推論**（証拠もないのにネガティブな結論を引き出してしまうこと）、**過度の一般化**（わずかな経験から広範囲のことを恣意的に結論してしまうこと）などです。このような状態では、実際以上に自己や社会をネガティブに判断してしまうでしょう。その結果、普段なら現実的な解決策を見つけることができる人でも、強い抑うつ気分によって認知がネガティブに歪んでしまうため「この状態から逃れるには死ぬしかない」と、問題解決の手段として自殺を選んでしまうのです。つまり、合理的な判断の上に行われた"覚悟の上の死"というようなものではありません。

　次に、「本人の問題」かどうかを考えてみます。「本人の問題」というのは、自殺をその人の内的な属性に帰属したことを意味します。ところで**原因帰属のバイアス**の一つに、**行為者－観察者バイアス**があります（第2章参照）。自殺については、私たちは多くの場合観察者の立場に立つので、自殺という行為を行為者の内的な属性（たとえば"弱さ"）に帰属するよう認知が偏っているのです。自殺を自殺者本人の属性に帰属させるのには、**過度の責任帰属**という別の認知

バイアスも関連しているかもしれません（第2章参照）。自分や自分の家族の誰かが自殺してしまうとはなるべく考えたくありません。そのため、自殺が発生した場合、自殺者本人あるいはその家族になんらかの理由があると過度に考えてしまうのです。

以上みてきたように、「自殺はみずから死を選んだのであり、"覚悟の上の死"である」とか、「本人の問題だ」などの考え方は、社会的認知の立場からみると正確ではありません。「自殺は、合理的な判断の上に行われた"覚悟の上の死"ではなく、困難な状況で（医学的・社会的な）支援が不足したために、追い込まれてしまった末の死である」「自殺は個人の問題というよりは社会の問題である」という認識をもつことが重要です。

3. ≫ 自殺対策と心理学

（1）いのちの電話

それでは、自殺対策に、心理学からはどのように関わっているのでしょうか。まず、「いのちの電話」に代表される心理的相談があります。「いのちの電話」は、自殺予防のための民間の電話相談機関で、ボランティアで運営されています。「いのちの電話」の起源は、1953年のイギリスにさかのぼり、現在では世界数十ヵ国に広まっています。日本では1971年に東京でスタートし、現在、42都道府県の52ヵ所で相談を受けつけています。相談ボランティアになるには所定の養成研修を受けることが必要です。

（2）心理学的剖検

自殺してしまった人や幸いにして未遂で終わった人の心理状態を正確に把握しておくことも、自殺対策を考える際に有用な情報を与えてくれます。自殺者の遺族や関係者に詳しく話を聞くという**心理学的剖検**（psychological autopsy）によって、自殺に至る心理的過程や、自殺と精神疾患との関連についていろいろなことがわかってきました。たとえば、自殺既遂者の90.1％がなんらかの精神

疾患（うつ病、アルコール依存、統合失調症など）に罹患していたことが報告されています。

　日本では、NPO法人　自殺対策支援センター　ライフリンク（2013）が2007～2012年にかけて自死遺族を対象にした聞き取り調査を行いました。その結果、自殺の危機経路は属性によって大きく変わっていることがわかりました。たとえば、正規雇用者では〔育児の悩み・介護疲れ、職場環境の変化、過労、職場の人間関係〕などが〔身体疾患、家族間の不和（夫婦）、仕事の悩み、仕事の失敗〕に発展し〔負債、うつ病〕を経て自殺につながりやすい一方、主婦では〔家族との死別、育児の悩み・介護疲れ、身体疾患、統合失調症・認知症等〕が〔就職失敗・失業、近隣との関係の悩み、家族間の不和（親子）〕に発展し、〔家族間の不和（夫婦）、うつ病〕を経て自殺につながりやすいことがわかりました。また、自殺で亡くなった人の7割が亡くなる前に行政や医療機関等の専門機関に相談しており、亡くなる1ヵ月以内に限っても48％がなんらかの相談機関に相談に行っていたこともわかりました。これらのことからも、1つだけのことが原因になって自殺するわけではないこと、自殺はみずから死を選ぶというようなものではなく、生きようとしていたが追い込まれてしまった結果であることがわかると思います。

4. ≫　地域における自殺対策

　初期の対策としては、1990年代前半から行われている、新潟県東頸城郡松之山町（現：六日町市）の取り組みがよく知られています（高橋ほか，1998）。ここでは、まず高齢者自殺やうつ病についての実態調査を行った後、町の診療所医師や保健師が、新潟大学の精神科医らと連携し、65歳以上の在宅高齢者全員を対象に、うつ病の疑いのある人を発見するための質問紙調査を実施しました。その結果見出された、うつ病の疑いのある人に対し、精神科医などが面接し、うつ病と判断された場合に精神科医療機関で専門的な治療を受けるよう勧めました。このようにうつ病の**二次予防**（第11章参照）によって、うつ病の結果として

起こる自殺を防ごうとしたのです。この取り組みによって、同町の自殺率は劇的に改善しました。

このように、従来は自殺と関連のあるうつ病を早期に発見し適切に治療することで、うつ病の結果としての自殺を防ぐ、という医学的な見地からの対策がほとんどでした。その後、2006年に自殺対策基本法が制定され、自殺対策を講じることが国や地方自治体の責務となりました。これを機に、全国でさまざまな取り組みが行われるようになりました。

そのなかでも「ゲートキーパー」の活動は、有名アイドルグループをイメージキャラクターとして使ったこともあり、広く知られています。ゲートキーパーとは、自殺の危険を示すサインに気づき、適切な対応（悩んでいる人に気づき、声をかけ、話を聞いて、必要な支援につなげ、見守る）を図ることができる人のことで、いわば「命の門番」とも位置づけられます。悩み苦しみ、気分がネガティブになると、気分一致効果によって「相談しても無駄だ、わかってもらえない」とか「相談したら迷惑がかかる」などと悲観的に考えてしまい、ひとりで抱え込んでしまいがちです。そこで、自分から専門機関に援助を求められなくても、周囲の人が大切な人の悩みに気づいて声をかけて支援できるようにしよう、というわけです。ゲートキーパーには、かかりつけの医師をはじめ、教職員、保健師、看護師、ケアマネージャー、民生委員、児童委員、各種相談窓口担当者などが想定されていますが、一般の人でもゲートキーパーになることはできます。全国各地でゲートキーパー養成活動が行われていますし、内閣府のホームページでも情報提供をしています。

5. ≫ マスメディアの影響

（1）ウェルテル効果と日本での事例

自殺の発生には、マスメディアによる自殺報道が影響しているといわれています。自殺に関する報道が、その後の自殺行動を惹起する現象は「**ウェルテル効果**」として知られていますが、この名はゲーテの書籍「若きウェルテルの悩

み」に由来します。この本では、主人公ウェルテルが叶わぬ恋に絶望して自殺を遂げてしまいますが、1774年に出版された時、この本に感銘した青少年の自殺が相次ぎ問題となりました。

　ウェルテル効果についてはアメリカでは早くから注目されてきました。自殺報道の影響を調べた研究をメタ分析したStack（2000）は、1974年から1996年に公表された42の論文からの293の知見を分析しました。これによると、タレントや有名政治家の自殺が報道された場合は、それ以外の人の自殺が報道された場合に比べて14倍の模倣自殺の危険性があること、報道が現実の自殺を扱った場合はフィクションの自殺を扱った場合に比べて4倍の危険性があることなどが報告されました。

　日本においては2000年以来、マスメディアの報道の影響と思われる**群発自殺**が、少なくとも3つあったと考えられます。第一は、2003年にあった「**ネット自殺**」です。「ネット自殺」の典型的な例は、インターネットで知り合った者同士が練炭などを使って集団自殺を図るものです。「自殺サイト」なるものが存在することも含めて、大きな社会問題となりました。第二は、2006年に起きた「**いじめ自殺**」です。中学生がいじめを苦に自殺をしたと大々的に報道された後、同様にいじめに悩んでいる中高生の自殺や自殺予告が相次ぎました。なお、日本ではいじめを苦にしたとされる自殺はくり返し起きており（例：1979, 1986, 1993年など）、いずれの場合もマスメディアの影響が指摘されています。第三は、2008年の「**硫化水素自殺**」です。硫化水素吸引による自殺者は、2007年には毎月5人以下でしたが、2008年になると徐々に増え始め、1～3月はそれぞれ27人、31人、64人となり、4月には急増し204人に上りました（内閣府, 2009）。

（2）報道の問題点

　これまで述べてきた自殺報道には、少なくとも3つの問題点があります。第一の問題点は、自殺報道のなかで自殺方法の記載あるいは示唆がなされているという点です。「ネット自殺」では、自殺の方法が自殺現場の写真や図解など

も含めて報道されたことがありますし、「硫化水素自殺」では、新聞やテレビはインターネットが自殺方法の情報源であったことをくり返し報じました。種々の情報から判断して、2007年末までにはインターネット上に硫化水素自殺の方法についての詳細な情報が広まっていたと考えられますので、2008年4月に自殺報道で大々的に報じられたことにより、インターネットの硫化水素自殺に関する情報を閲覧する人が急増し、結果的に群発自殺につながったと考えられます。

　第二の問題点は、自殺報道がセンセーショナルになりがちだという点です。この傾向は、とくにいじめ自殺で顕著です。新聞では、自殺を図った生徒の遺書の内容が公開されたことがあります。さらに、自殺した生徒の親族などのコメントを載せることで、直接的または間接的に、学校の対応やいじめの加害者を批判的に報じる記事もありました。報道関係者は、自殺に追い込んでしまう悲惨ないじめの現状を伝えることが目的で、遺書の内容を報じているのかもしれません。しかし、報道内容を受け取る生徒のなかには同様にいじめに悩む人たちもいます。その人たちはいじめ自殺の新聞記事を読んで、死ぬことによって自分の苦痛が世間に知らされ、さらにいじめ加害者に仕返しできる、と考えるかもしれません。架空の新聞記事を用いて記事がもたらす心理的効果について検討した坂本ほか（2013）は、いじめ自殺の新聞記事のネガティブな影響について指摘しています。

　第三の問題点は、自殺の理由を単純化して報じ自殺を合理化している点です。遺書の内容を報道されると、報道を聞いた一般の人が「これだけのつらさから逃れるために自殺を選んだのだ」「自殺するほか選択肢が残されていなかった」というように、自殺が苦しみから逃れる問題解決的手段のように感じてしまう可能性があります。新聞の見出しでは、たとえば「借金を苦に自殺」「いじめで自殺」などと報じられることもあります。このような報道がくり返されると、**社会的学習**によって、「自殺は借金やいじめから逃れる時に行われる問題解決の手段なのだ」という誤った認識を人々がもってしまう可能性があります。冷静に考えればほかにいくらでも解決手段はあったかもしれないのに、です。

表13-1 WHO（世界保健機関）による自殺報道のガイドライン（世界保健機関，2009）

- 努めて、社会に向けて自殺に関する啓発・教育を行う
- 自殺を、センセーショナルに扱わない。当然の行為のように扱わない。あるいは問題解決法の一つであるかのように扱わない
- 自殺の報道を目立つところに掲載したり、過剰に、そして繰り返し報道しない
- 自殺既遂や未遂に用いられた手段を詳しく伝えない
- 自殺既遂や未遂の生じた場所について、詳しい情報を伝えない
- 見出しのつけかたには慎重を期する
- 写真や映像を用いることにはかなりの慎重を期する
- 著名な人の自殺を伝えるときには特に注意をする
- 自殺で遺された人に対して、十分な配慮をする
- どこに支援を求めることができるのかということについて、情報を提供する
- メディア関係者自身も、自殺に関する話題から影響を受けることを知る

　表13-1に、世界保健機関（WHO）の定めた自殺報道のガイドライン（日本語版）を示しました。これによると、「自殺を、センセーショナルに扱わない。当然の行為のように扱わない。あるいは問題解決法の一つであるかのように扱わない」「自殺既遂や未遂に用いられた手段を詳しく伝えない」と記されています。自殺報道のなかには、これらのガイドラインに抵触しているものもありますが、ガイドラインに法的拘束力はありません。一般の人々にも報道に対するクリティカルな見方が求められています。

（田中　江里子）

読者のための図書案内

高野和明著（2007）．幽霊人命救助隊　文春文庫：人がどのように自殺にまで追いつめられてしまうのか、どのように支援すれば思いとどまってくれるのか。学術書ではどうしても重く堅くなってしまいますが、その状況・心情をわかりやすく具体的にイメージさせてくれる娯楽小説です。すべての方に読んでもらいたい。
　　図書ではありませんが、自殺に関しては以下のホームページが役に立ちます。
自殺予防総合対策センター　http://ikiru.ncnp.go.jp/ikiru-hp/index.html：独立行政法人　国立精神・神経医療研究センター内のサイトです。自殺対策の研究・実践に関するさまざまな情報が提供されています。

内閣府の自殺対策ホームページ　http://www8.cao.go.jp/jisatsutaisaku/index.html：文中で引用した自殺対策白書やゲートキーパーに関して詳しく紹介されています。また自殺の統計（厚生労働省、警察庁の統計を利用）や各地で行われている自殺対策の事例についても掲載されています。

ディスカッションポイント

（1）自殺率の高い国と低い国とでは何が違うのでしょうか。所得や、文化的宗教的背景など、さまざまな要因が考えられます。そのなかで、政策やプログラムによって変更できる要因は何か、考えてみましょう。

（2）心の健康を高めたり、自殺やうつ病などの精神疾患を予防したりするため、どのような対策がとられているでしょうか。発見して、それを評価してみましょう。評価のポイントは自由ですが、わかりやすさ、実効性、費用対効果などがあります。

（3）自殺を報じたテレビのニュースや情報番組、新聞記事などを取り上げ、どのような問題があるかを考えてみましょう。

【引用文献】

Conwell, Y., Duberstein, P. R., Cox, C., Herrmann, J. H., Forbes, N. T., & Caine, E. D. (1996). Relationships of age and Axis I diagnoses in victims of completed suicide: A psychological autopsy study. *American Journal of Psychiatry*, **153**, 1001-1008.

Isometsae, E., Heikkinen, M., Henriksson, M., Aro, H., Marttunen, M., Kuoppasalmi, K., & Loennqvist, J.. 1996 Suicide in non-major depressions. *Journal of Affective Disorders*, **36**, 117-127.

江川玫成（1984）．自殺行為の社会的学習理論的分析　東京学芸大学紀要1部門，**35**，1-11.

浜田良樹（2003）．続出する「ネット自殺」防止のための法制整備について（セッション6B：情報の社会的側面）　情報処理学会研究報告　マルチメディア通信と分散処理研究会報告，**87**，151-158.

内閣府（編集）（2009）．自殺対策白書（平成21年版）佐伯印刷株式会社

内閣府（編集）（2014）．自殺対策白書（平成26年版）（2014年6月）
　〈http://www8.cao.go.jp/jisatsutaisaku/whitepaper/index-w.html〉（2014年8月15日）

Stack, S. (2000). Media impacts on suicide: A quantitative review of 293 findings. *Social Science Quarterly*, **81**, 957-971.

坂本真士・奥村泰之・田中江里子（2013）．センセーショナルな自殺報道は自殺念慮を高めるか：架空の新聞記事を用いた検討　臨床心理学, **13**, 539-548.

高橋邦明・内藤明彦・森田昌宏・須賀良一・小熊隆夫・小泉毅（1998）．新潟県東頸城郡松之山町における老人自殺予防活動：老年期うつ病を中心に　精神神経学雑誌, **100**, 469-485.

特定非営利活動法人　自殺対策支援センター　ライフリンク（2013）．自殺実態白書2013（2013年3月）

〈http://www.lifelink.or.jp/hp/whitepaper.html〉（2014年8月15日）

World Health Organization (2008). Preventing suicide: A resource for media professionals.

世界保健機関　河西千秋（訳）（2009）．自殺予防：メディア関係者のための手引き　2008年改訂版日本語版（2009年4月）

〈http://www-user.yokohama-cu.ac.jp/~psychiat/WEB_YSPRC/pdf/media2008.pdf〉（2014年8月15日）

世界保健機関　独立行政法人　国立精神・神経医療研究センター　精神保健研究所　自殺予防総合対策センター（訳）（2014）．自殺を予防する：世界の優先課題（2014年9月5日）

〈http://ikiru.ncnp.go.jp/ikiru-hp/pdf/topics_140905_1.pdf〉

索　　引

あ　行

安全行動　60
怒りの制御　70
いじめ自殺　177
異常心理学　3
一次予防　150
一貫性　19
いのちの電話　174
陰性症状　146
インターネット　8
インターネット依存　135
インターネット・パラドックス　132
インターネット利用上の不快な出来事　134
ウェルテル効果　176
うつ病　144
　——の認知理論　173
援助要請　148
オペラント条件づけ　55

か　行

改訂学習性無力感理論　24
回避行動　55
加害観念　53
学習性無力感　23
過食症　32
過度の一般化　173
過度の責任帰属　173
観察者視点の自己注目　59
帰属過程　18
帰属理論　18
忌避観念　53
気分一致効果　5, 173
強迫観念　145
強迫行為　145
強迫症　145
共変原理　19
拒食症　32

クラークとウェルズの認知行動モデル　59
群発自殺　177
ゲートキーパー　176
原因帰属　6, 18, 173
行為者—観察者間の差異　21
行為者—観察者バイアス　173
合意性　19
公的自己意識特性　36
行動療法　10
互恵性　89
個人内過程　5
根本的な帰属の錯誤　21

さ　行

三次予防　150
恣意的推論　173
自覚状態　36
自我漏洩感　54
自己意識特性　36
自己開示の返報性　109
自己教示訓練　71
自己効力感　57
自己注目　36
自己呈示欲求　57
自殺　168
自殺死亡率　169
自殺対策基本法　169
自尊心への脅威　88
実行されたサポート　84
私的自己意識特性　36
社会学的社会心理学　10
社会心理学　4
社会的学習　178
社会的機能　55
社会的浸透理論　109
社会的認知　12, 173
社交不安　145

社交不安症　50
集合現象　5
集団・組織　5
首尾一貫感覚　159
症状　49
情動焦点型対処　124
神経性過食症（大食症）　33
神経性無食欲症　33
神経性やせ性　33
身体像不満足感　36
心理アセスメント　3
心理学的介入　3
心理学的社会心理学　9
心理学的剖検　174
ストレス緩衝効果　85
制止―直面理論　116
精神分析療法　10
摂食障害　32, 145
セルフ・サービング・バイアス　22
全か無かの思考　173
相互協調的自己観　67
相互作用　5
相互独立的自己観　67
操作的診断基準　15
ソーシャルサポート　80
ソーシャルスキル　94
ソーシャルスキルトレーニング　95

　　　　た　行
対応推論理論　19
対人援助職　165
対人関係　5
対人恐怖症　50
対人ストレッサー　126
対人不安　145
　　――の自己呈示理論　57
知覚されたサポート　83
直接効果　85
ディストレス　121
統合失調症　146

　　　な・は　行
二次予防　150, 175
日常生活ストレス（デイリー・ハッスルズ）　120
認知行動療法　5, 10, 59
認知のゆがみ　10
ネットいじめ　138
ネット自殺　177
バーンアウト　165
パニック症　145
パニック発作　145
半知り　52
汎適応症候群　121
非共通効果　19
筆記開示　72
否定的な評価へのおそれ　51
広場恐怖症　145
文化　5
文化的表示規則　67
分析心理学　10
弁別性　19

　　　ま・や・ら　行
マッチングモデル　86
問題焦点型対処　124
ヤーキーズ・ドットソンの法則　50
ユーストレス　121
陽性症状　146
予防　150
来談者中心療法　10
硫化水素自殺　177
臨床社会心理学　5
臨床心理学　3
ロールプレイ　98

ABC図式　57
DSM　15, 50
DSM-5　33
SNS　8

―――● **執筆者紹介**（執筆順）●―――

森脇　愛子（もりわき　あいこ）（編者、第5、7〜9、10、12章）帝京大学大学院文学研究科
　　　　　　　　　　　　　　　　　　専任講師
坂本　真士（さかもと　しんじ）（編者、第1、2、11章）日本大学文理学部心理学科　教授
山蔦　圭輔（やまつた　けいすけ）（第3章）早稲田大学人間科学学術院　准教授
佐々木　淳（ささき　じゅん）（第4章）大阪大学大学院人間科学研究科　准教授
亀山　晶子（かめやま　あきこ）（第6章）日本大学文理学部人文科学研究所　研究員
田中　江里子（たなか　えりこ）（第13章）日本大学文理学部人文科学研究所　研究員

対人的かかわりからみた心の健康

2015年4月20日　初版第1刷発行

編著者　森脇　愛子
　　　　坂本　真士

発行者　木村　哲也

定価はカバーに表示　　印刷　新灯印刷／製本　川島製本

発行所　株式会社　北樹出版

URL：http://www.hokuju.jp

〒153-0061　東京都目黒区中目黒1-2-6

電話(03)3715-1525(代表)　FAX(03)5720-1488

© Aiko Moriwaki & Shinji Sakamoto 2015, Printed in Japan
ISBN978-4-7793-0453-8

（落丁・乱丁の場合はお取り替えします）